スクリプトドクターが教える
未公開映画の愉しみ方

これ、なんで
劇場公開
しなかったんですか?

三宅隆太
Ryuta Miyake

誠文堂新光社

はじめに

皆さん、こんにちは。

はじめましての方は、はじめまして！　どうぞよろしくお願いします！

ぼくのことをラジオや書籍等でご存じの方は、お久しぶりです！　お元気でしたか？


さて、この本はすでに終了したＷＥＢの連載コラム『これ、なんで劇場公開しなかったんですか？』をまとめ、大幅に加筆したものです。

こんなタイトルですが、「劇場公開に至らなかった映画」の裏事情を暴いたり、その政治的背景について論じたりする本ではありません。

むしろ「こんなに面白いのに劇場公開されないだなんて……もったいないなぁ」というスタンスで書かれた「良質な未公開映画を紹介するエッセイ」のようなものだと思ってください。


ところで、「劇場未公開映画」と聞くと、皆さんはどんな印象を持たれるでしょうか？

有名な俳優が出演していない、地味で見所がない、低予算で映像が稚拙、偏った内容で一部のマニアしか楽しめない……等々。

もしかしたら、そんなネガティブなイメージを抱く方もいらっしゃるかもしれません。

たしかにそういう作品もあることはありますが、一方で劇場未公開映画のなかには、魅力的で愛らしい作品が実はたくさん存在します。

ただし、それらの多くは、残念ながらひと知れずレンタルビデオ屋さんの棚に埋もれてしまうのが実情です。全国公開される有名映画のように巨額の宣伝費をかけられないため、存在自体がそもそも認知されにくいからです。

挙げ句、誰にも気づかれないまま廃棄処分になり、まるで「最初からそんな映画はなかった」かのように扱われてしまうケースも後を絶ちません。

そんな状況が、作り手のひとりとしても、いち映画ファンとしても、残念でならないのです。


この本で取り上げる作品はすべて、ぼくが「普段の暮らしのなかで、ビデオ屋さんに行ってたまたま借りてみたり、ネット配信でたまたま観た映画」です。

取り上げる順番もランダムですし、明確な選択理由などもありません。「たまたま出会った映画」をそのままご紹介することこそが目的だからです。

必然的に、選ばれた映画たちには何らの権威も存在しないことになりますし、いわゆる映画史的に価値があるとされる名作というわけでもありません。

その日の気分やタイミングによっては、まったく別の映画を取り上げていたかもしれませんし、そもそも、ここで取り上げた映画とは一生出会わなかった可能性もあります。

強いて「こだわった点」を挙げるとすれば、貶すために観た映画は一本もない、ということでしょうか。

個人的に（これは映画に限ったことではないのですが）、悪いところを見つけて揶揄するよりも、良いところを見つけてひとに薦めるほうが楽しいと思っています。

ですからこの本には「たまたま出会った映画たち」を観て、ぼくがそれらの良いところを見つけてワクワクしていく過程が記されているでしょうし、その想いを皆さんにお伝えしたくてウズウズしている高揚感のようなものも残されていると思います。

そういう意味ではとても主観的な本だと言えるかもしれませんし、映画の知識を蓄えるための客観的な資料価値はあまりないかもしれません。

スクリプトドクターをしている三宅隆太は、日ごろこんな風に映画を観て、こんな風に感じている。

そんな本です。

なお、WEBで連載していた際の「時事性」は残したかったので、書籍としてみると若干違和感を覚えかねない表現もあえてそのまま残してあります。

その点、何卒ご理解ご了承ください。

この本が「素敵な劇場未公開映画と出会うきっかけ」の一助になりましたら幸いです。

目次

01 劇場未公開映画の愉しみ方

今や映画は、ありとあらゆる方法で見放題の時代に突入しました。

街の映画館や名画座こそ激減したものの、シネコンはそこいら中にありますし、上映方法も4DXやアイマックスなど多岐にわたっています。テレビ放映に関しても、地上波でこそ映画放送枠（いわゆる洋画劇場）はほぼ消滅しましたが、「スカパー！」やケーブルテレビには膨大な量のチャンネルが存在し、新旧織り交ぜて数え切れないほどの映画が、連日連夜フルハイビジョンの高画質で放送されています。

しかもそれらの作品は、高画質を維持したままハードディスクで録画し放題です。DVDやブルーレイといった媒体でも、次から次へと（劇場公開からさほど間も開かずに）ソフト化が進み、その値段もどんどん低価格になり、かつては〈決して手に入れることができない贅沢品〉だった映画を、簡単に個人所有することが可能になりました。

さらに最近ではネット配信も盛んです。操作も簡単で高画質、しかも安価。こうなってくると、映画を観たければなにもわざわざ映画館に観に行ったり、録画をしたり、レンタルしたり買ったりする必要すらありません。スマホやパソコンでいつでも観たいときに観たい映画を観たいだけ観ることができる。

『45歳からの恋の幕アケ!!』
The English Teacher
2013年　アメリカ　93分
監督：クレイグ・ジスク
脚本:ダン・シャリトン／ステイシー・シャリトン
キャスト：ジュリアン・ムーア／マイケル・アンガラノ／グレッグ・キニア／リリー・コリンズ／ネイサン・レイン　ほか
DVD 3,800円+税
発売元：ファインフィルムズ
販売元：ビクターエンタテインメント

なんともすごい時代になったものです。

いち映画ファンとして、これほど恵まれた環境が訪れるとは、かつては考えもしませんでした。現在、この世はまさに〈映画パラダイス〉なのです！

ところが、どういうわけか、個人的には今の状況に、あまり〈幸福感〉を覚えられずにいます。巷に映画が溢れすぎているためなのか、あるいはあまりにも簡単に映画を観られる環境が整いすぎたためなのか、子供時代のように「わぁ、この映画観たい！」とか「あの映画ぜったい見逃さないようにしなきゃ！」という気分にならないのです。

実際、いざ映画を観ようとしたときに、かつてのような高揚感や期待感が得られなくなってしまいました。

もしかしたら、こんな風に感じているのはぼくだけなのかもしれませんが（皆さんはいかがですか？）。

歳を取ったせいで映画を観る体力や気力が低下したのかな？

それとも映画を観ること自体に飽きちゃったのかしら……？

いやいや、そんなバカな、と心のどこかで思いつつ、でももしかしたら……という不安も感じはじめていたころ、ふと何の気なしにレンタルビデオ屋さんで手に取ったのが、見たことも聞いたこともない〈劇場未公開映画〉でした。

「なんだコレ？　知ってる俳優も出てないし、監督の名前も聞いたことないぞ。大丈夫なのか……？」

そう思いつつ、自宅で鑑賞したところ、これがとんでもなく面白かったのです。


そこには紛れもなく「かつての映画体験」と酷似した高揚感がありました。一体、何が違うのだろう？と考えてみて、ぼくはあることに気がつきました。

実はここ数年、シネコンであれレンタルであれ、映画を観ようとする際に、ほとんど無意識にインターネットで〈その映画に関する情報〉を調べてから観ていた、もしくは調べた結果、観るのをやめていたのです。

その映画の興行収入ランキングや、すでにその映画を鑑賞したひとたちのレビューを気にしながら、観に行くかどうかを決めてしまう。どうやら、いつのまにか、映画を観ることに「当たり外れ」や「正解不正解」を求めていたようなのです。

もちろん、つまらない映画に時間を使いたくない、お金がもったいない、と考えるのはそれなりに自然なことなのかもしれません。しかし、それでは本来の〈映画を観てワクワクする感覚〉を味わえるはずもないのです。


かつて映画というものは、〈得体の知れない怪しげな存在〉でした。

実際、インターネットが普及する以前には、得られる情報が極端に少なかったせいで、それがどんな映画なのか、誰が作ったものなのか、そして他人がどのように評価しているのかなんてことは気にせずに、というよりも、知りようがないまま観ていました。

でも、それが「映画を観るという行為」そのものだったのです。


とりわけ子供時代には、映画館で映画を観るのは〈贅沢な行為〉だったということもあり、映画はもっぱらテレビの洋画劇場で鑑賞していました。

ぼくにとって映画は、自宅で、テレビで、観るものだったのです。

特に我が家では、夜9時からスタートする、いわゆるゴールデンタイムの洋画劇場をなかなか見せてもらえませんでした。「夜は大人の時間なんだから、子供はさっさと寝なさい」という教育方針だったためです。そのせいもあって、東京12チャンネル（現在のテレビ東京）で昼間や夕方に放送されていた映画枠をよく観ていました。

そういった枠の中で放送されていた映画たちは、キー局のゴールデンタイムで取り上げられる作品とは異なる、一風変わった、それこそ〈得体の知れない怪しげな存在〉ばかりでした。

例えば、日本テレビで『スター・ウォーズ』が鳴り物入りで放送されると、さして日も置かずに『スペース・ウォーズ／UFO軍団大襲来！』がオンエアされていましたし、フジテレビでスピルバーグの『激突！』が放送されたあとは、対抗するように『恐怖の高速道路／美人TVレポーターを狙う黒い影』といったB級映画が流されていました。それらの大半は劇場未公開映画やテレビムービーなので、いったい誰がどのような目的で作ったのか、また他人がどのように評価しているのかもさっぱり分からないという、本当に謎めいた作品ばかりでした。

ですが、おかげで世の中には色々な映画があることが分かりましたし、様々な面白さが存在していることも知りました。「面白さ」に関して、大がかりなメディアの宣伝戦略で判断できない分、〈独自の評価軸で愉しむ観点〉を持てるようになったのです。

昨今、映画は「傑作か駄作か」「当たりか外れか」の二極化が進んでいる気がして、やや窮屈さを覚えます。いわゆる「佳作」が立ち入る余地がなくなっているのだとしたら、それはなんとももったいない話です。

もっと色々なタイプの映画が愛され、愉しまれる環境があってもいいのではないか、そんな風に思うのですが、いかがでしょうか？

この連載は、日々ぼくがランダムに鑑賞した〈劇場未公開映画〉のなかから〈面白いと感じたモノのみ〉を取り上げ、紹介していく映画コラムです。

シネコンで上映されるメジャー映画のように潤沢な宣伝費がかけられないが故に、結果的に〈得体の知れない怪しげな存在〉にならざるを得ない劇場未公開映画たち。

そんないまひとつ日の目を見ない、そしてやがては自然と〈なかったことにされてしまう映画たち〉を観てみることで、あのころの〈あの感じ〉を皆さんとともに味わっていけたらと思っています。

もちろん、このアプローチには〈根本的な矛盾〉が存在していることは承知しています。

そもそもこの連載自体がインターネットの賜ですし、皆さんが「ぼくの紹介文」を見てからその映画を鑑賞することで、事実上の「調べ物をしたのと同じ状況」になってしまい、結果的には鑑賞眼にバイアスがかかってしまう（当たり外れの尺度を提供してしまう）という矛盾は避けられません。

ですから、毎回紹介する個別の映画作品を愉しんでいただくことも大切ですが、どちらかというと、この連載をきっかけに、皆さんが「皆さん独自の視点」で〈ご自分の価値観に見合った面白い劇場未公開映画を探索する旅〉に出かけていただく、というのがこの連載が目指す最終的な理想の着地点です。

連載を始めるにあたって、いくつかのルールを設けることにしました。

①日本映画ではなく、洋画を中心にセレクトする。
②２０１０年以降に制作された劇場未公開映画に限定する。
③極力幅広いジャンルの作品を取り上げる。

①の理由は、かつての洋画劇場の〈あの感じ〉を出すため、というのがひとつ。もうひとつは、ぼく自身、現在の日本映画業界の作り手でもあるので、個別の作品の制作状況や予算組みなどに配慮しすぎて、冷静かつ的確な紹介ができなくなるのを避けるためです。
②の理由は、現在のレンタル市場にまつわる問題です。現在、レンタルされている作品の多くはＰＰＴというシステムで店頭に置かれているケースがほとんどで、一定期間を過ぎても稼働率が低い作品の場合、それがどんなに内容的には面白かったとしても店頭から除外され、メーカーに戻されるか中古セールに出されてしまいます。つまり、あまり古い作品を取り上げてしまうと、皆さんのご近所のビデオ

屋さんにはすでに置かれていない可能性がでてきてしまうのです。そういった事態を避けるため、比較的〈簡単に観ることができる作品〉をセレクトしたいと思っています。

③の理由は、ぼく自身のこだわりです。現在、雑誌やそのほかの媒体で〈劇場未公開映画〉が取り上げられる場合、ホラーやアクション、SFなど一部のジャンル作品に限定されてしまうことがとても多く、どうしても〈劇場未公開映画=偏ったジャンル映画〉というイメージを持たれやすい、という問題があります。実際には、ありとあらゆるジャンルの〈劇場未公開作品〉の良作が日々、ビデオ屋さんの店頭に並んでいます。できるだけ多岐にわたるジャンルを紹介することで公平性や普遍性を持たせたい、という狙いがあります。

それでは早速ですが、最初の一本をご紹介しましょう。

2013年制作のアメリカ映画『45歳からの恋の幕アケ!!』です。

まずはあらすじをご紹介します。

主人公のリンダ・シンクレアは「他人と深く関わる」のが苦手な45歳の独身女性です。子供のころから読書が大好きで、かつては「小説家への夢」を抱いていた時期もありましたが、現在はアメリカの田舎町の高校で英文学を教えています。

生徒の多くはリンダほど文学に関心を持ってはいないものの、みな真面目な良い子ばかりです。同僚の教師らとも友好的な関係を築けていますし、自宅に帰れば飼い猫が待っているので寂しくはありません。週末になれば大好きな本を読む時間もたくさんあります。

そんな自らの現状を「それなりに幸福」だと感じているリンダ。

もちろん結婚願望がないわけではありません。

素敵な男性さえいればすぐにでも家庭を持ちたいと願っています。だからこそ、SNSで知り合った「趣味が合う男性」とはなるべく会うようにし、食事に出かけたりもしています。

ところが、残念ながらロクな男性がいないのです。自分のことばかり語りたがったり、リンダの内心の変化に関心を抱かなかったり、人柄は申し分ないものの見てくれが悪かったり……等々。

そんな彼らをリンダは心の中で「批評」し、「採点」して、切り捨てていきます。

長年、「他人と深く関わる」のを避けてきたせいか、リンダは何事もアタマで考えるクセがついてしまっているのです。

当然、男性たちと交際に至ることはなく、リンダの日常にも「変化」は生じません。

ですが、彼女自身は「それでいい」とも思っています。元々、さほど「変化」を欲しているわけでもありませんし、「人生なんてこんなもの」と、どこかで諦めてしまっているからです。

そんなある日、リンダが夜道を歩いていると、「怪しげな男」が声を掛けてきます。

痴漢か強盗だと思い焦ったリンダは、催涙スプレーで男を撃退します。しかし、男はかつての教え子ジェイソン・シャーウッドでした。10年ぶりに町に戻ってきた彼は、恩師のリンダに挨拶しようとしただけだったのです。

ジェイソンはリンダが教えてきた生徒のなかで、最も才能がある人物でした。彼女の授業に誰よりも真剣に耳を傾けていた彼は、「脚本家になりたい」と言って町を出て、ニューヨーク大学の劇作家コースに進学しました。それが10年前のこと。

リンダにとってジェイソンの存在は、教師生活最大の誇りです。

しかし今やジェイソンは挫折し、脚本家への道を諦め、この町に戻ってきています。寂しげに「父の仕事の後を継ぐ」と言う彼を見つめているうち、リンダは悔しさを覚えはじめます。心のどこかでリンダは彼に託していたのです。自分が実現できなかった夢を、小さなこの町を飛びだし、書き手として成功するという夢を叶えてほしい、と。

「せっかくだから作品を読ませて」リンダにそう言われたジェイソンは、自信がなさそうな素振りで卒業制作として執筆した戯曲を手渡しました。

この出来事をきっかけに物語は大きく動きはじめます。

ジェイソンの戯曲は、実はとんでもない大傑作だったからです。

このまま埋もれさせるわけにはいかない！　そう考えたリンダは一念発起。高校の校長に掛け合い、戯曲を学生演劇として上演させるべく奮闘していきます。人生を諦めがちだったリンダにとって、それは久々に訪れた「生きがい」でした。

一方、当初は学生演劇という具現化の「小ささ」に抵抗を感じていたジェイソンも（本来ならばブロードウェイで成功したいと、彼は願っています）、リンダの熱意に押され、田舎町での演劇化に向け心血を注ぎはじめます。

こうして承認欲求に火がついた元教え子と、期せずして生きがいと出会ってしまった元恩師のふたりは「互いの連闘感」を恋愛感情だと錯覚し、ある日ベッドを共にしてしまいます。

しかし、そのことが小さな田舎町に大きな波乱を呼び込んでいくのです……。


リンダを演じているのは、2014年に『アリスのままで』でアカデミー賞主演女優賞に輝いた名女優ジュリアン・ムーア。さらにジェイソンをマイケル・アンガラノ、その父親トムをグレッグ・キニア、そして中盤以降のキーパーソンとなる女子生徒を『あと1センチの恋』のリリー・コリンズがそれぞれ演じています。

キャスティングに関して言えば、どう考えても劇場公開レベルです。

それこそ、「これ、なんで劇場公開しなかったんですか？」と不思議に思われる方も多いでしょう。本当ですよね。ぼくも不思議でなりません。

実際、彼らが織りなす演技のアンサンブルは素晴らしく、とうてい劇場未公開映画とは思えないほど見応えがあります。

ところで、この映画のジャンルはコメディです。ここまで述べてきたように、シリアスな人間関係と心理がベースになってはいますが、全編を通じてブラックなユーモアセンスで「地方在住者の幸福論と承認欲求」を皮肉たっぷりに描いていきます。

物語を力強く誘導していくのは、リンダが抱えた「秘密」です。

実は、校長がジェイソンの戯曲の演劇化を許可した背景には「ある条件」がありました。

それは戯曲をリライトし、ラストシーンを改変すること。

リンダは舞台化の実現を優先するあまり、二つ返事で了承しますが、そのことをジェイソンに伝えられないまま、稽古が始まってしまうのです。

この「秘密」が引き起こすサスペンスの緊張感と、リンダとジェイソンによる「錯覚の恋愛感情」が思いがけないトラブルへと発展していくスラップスティックな笑いのブレンドが巧妙で、最後まで飽きさせません。

一方で、劇場未公開作品ならではの「物足りない部分」もたしかにあります。

とりわけ残念なのは、ジェイソンが書いた戯曲がどのような内容なのか、その具体的なストーリーがほとんど示されない点です。

戯曲を読んだリンダのリアクション（あまりの素晴らしさに号泣したりもします）や、稽古シーンで表現される「端々の場面」から全体像を類推するしかないため、観客は戯曲がどれほどの傑作なのかが最後まで分からないのです。

とはいえ、これはある程度致し方のない選択だったのだろうとは思います。

そもそも、映画という表現媒体の場合、「劇中で〈文章芸術〉を扱うこと」は鬼門です。

時折、「小説」を題材にストーリーを進行させる映画作品がありますが、あれは特に難しいアプローチです。映画には上映時間という制約がありますし、俳優の言動など「アクションとして具現化」できるもの（つまり、映像で表現可能なもの）でしか描写ができないからです。

そのため、いくら劇中で傑作だとされている「小説」だとしても、観客に〈その実感〉を抱かせることはほぼ不可能です。

スタンリー・キューブリックの名作『シャイニング』ですら、主人公のジャック・ニコルソンが書いている小説の全体像は最後までさっぱり見えてきませんでした（スティーブン・キングの小説版ではきちんと描写されていますが、それは文字媒体故に可能だったにすぎません）。

ただし、そういった弱点を補って余りあるほど、『45歳からの恋の幕アケ!!』に於ける演者たちの芝居合戦に見応えがあるのは事実です。

終盤、それまで維持してきた「秘密」がバレるべくしてバレざるを得なくなったとき、当然ジェイソンは戯曲のリライトにも改変にも抵抗しますが、リンダの立場としては演劇の上演を中止するわけにもいきません。

そんななか、校長は「ラストシーンを改変しなければ上演は中止だ！」とリンダを追いつめます。

誰かがジェイソンに代わってリライトするしかない。では、いったい誰がリライトするべきなのか？

もちろん、リンダがその役目を背負わざるを得なくなります。

作家になる夢を諦めていた「かつての文学少女」に、突如訪れた「変化」のチャンス。

もはや他人のせいにも、環境のせいにもできない。自らの人生そのものと向きあわざるを得ないピンチを前に、リンダはどう対処するのか？　ジェイソンとの関係はどうなるのか？　演劇公演は無事に行われるのか？

オスカー女優ジュリアン・ムーアは、リンダ役を終始さすがの貫禄で魅せていきますが、とりわけクライマックス以降の展開では、彼女の気負いのない肩の力を抜いた演技が静かな感動を呼びます。

お仕事帰りや学校帰りなど、ビデオ屋さんに立ち寄る機会があれば、是非手に取ってみてください。


この作品のように、実力派の豪華キャストにもかかわらず、劇場未公開になってしまった映画はたくさんあります。そういう作品も無名の俳優が出ているB級作品も、これから先、ジャンルや制作予算などにこだわらず紹介していきたいと思っています。


ところで、奇しくも同時期にリリースされたヒュー・グラント主演の『Re：LIFE～リライフ～』という映画があります（ちなみに、こちらは劇場公開されました）。

両作とも〈脚本〉をモチーフに「地方在住者の幸福論と承認欲求」を描いたコメディという点では共

通していますが、男性主人公と女性主人公という観点の違いから、それぞれ掘り下げる角度が大きく異なっており、興味深いところがあります。

併せてご覧いただくのも、お薦めです。

では、次回またお会いしましょう。

02 ジャンル映画の登場人物も「生きているひと」である

劇場未公開映画の人気ジャンルのひとつに「モンスター映画」があります。なかでも根強い人気があるのはサメ映画です。最近では『ダブルヘッド・ジョーズ』や『トリプルヘッド・ジョーズ』といった回を追うごとにサメの頭の数が増えていくシリーズや、極端に巨大なサメが荒唐無稽な敵と闘う『メガ・シャークVSメカ・シャーク』『メガ・シャークVSグレート・タイタン』といったシリーズ、ほかにも竜巻にのっかって様々な場所に大量のサメが出没する『シャークネード』というシリーズなどがあります。

サメ映画以外でも、ヘビと魚が合体したモンスターが襲ってくる『殺人魚獣 ヘビッシュ』や、軍が開発した機械仕掛けのワニが暴れる『ロボクロコ』、ピラニアとアナコンダの混合種がひたすらひとを捕食する『ピラナコンダ』といった作品もあります。

こういった「大風呂敷を広げた設定」や「カリカチュアされた設定」がモンスター映画の企画として成立するようになったのは、CGをはじめとするデジタル技術の進歩の賜です。

『ザ・サンド』
The Sand
2015年　アメリカ　84分
監督：アイザック・ガバエフ
脚本：アレックス・グリーンフィールド／ベン・パウエル
キャスト：ブルック・バトラー／クレオ・ベリー／ディーン・ゲイヤー／メーガン・ホルダー／ミッチェル・ムッソ／ジェイミー・ケネディ／シンシア・マレル　ほか
DVD 4,500円+税　発売元：彩プロ

ただし、それらの企画はどこか「お祭り騒ぎ」的なノリで作られていることが多く（それはそれで時代に見合った「新たな愉しみ方」だとは思いますが）、本来の「モンスター映画」が内包していた「生存欲求への恐怖と渇望」を真摯に描くタイプの作品は作りにくくなっているようです。

今回取り上げる映画『ザ・サンド』は、そんな「本来のモンスター映画」のスタイルを踏襲しつつ、無名の若手俳優たちの芝居が「とても魅力的に撮れている」極めてめずらしい一本です。

まずはあらすじをご紹介しましょう。

主人公は、真夏の夜にビーチパーティーでどんちゃん騒ぎをしている高校生たち。大量のお酒を飲んでベロンベロンになった彼らは、その場で着の身着のまま眠ってしまいます。翌朝、浜の監視塔でヒロインのケイリーが目を覚ますと、砂浜はガランとしています。あれだけ大勢いたメンバーのほとんどが姿を消しているのです。

皆、いつのまにか帰宅してしまったのでしょうか？

残されていたのは、監視塔にいるケイリーと男友だちのミッチ、監視塔の前に停めてある燃料切れのオープンカーで眠っていたケイリーの彼氏・ジョナと浮気相手のシャンダ、少し離れたところでドラム缶に入れられて出られなくなっていたギルバートとほか数名のみです。

やがて、いなくなった残りのメンバーたちが「帰宅した」のではなく、「夜中のうちに〈砂浜〉に喰われて全員死んだ」ことが判明します。

当然、逃げようという話になるわけですが、ちょっとでも砂浜に触れたり、足をつけたりすると即座に呑み込まれたり、殺されたりしてしまうため、誰ひとりその場を動くことができません。

さて、ケイリーたちはどうやってこの苦境を脱するのでしょうか？

主人公たちを襲うモンスターがサメやワニやピラニアではなく、「砂浜」。かなりバカバカしいアイデアですが、映画自体はとても見応えがあります。

まず目を引くのは、状況のセットアップの巧みさです。

「砂浜がひとを襲う」といっても、ＣＧの砂嵐がグワァッと近づいてくるわけではありません。ただそこに砂浜がある。それだけです。

しかも、物語のほとんどは「日中」に展開します。モンスター映画に限らず「恐怖」を題材にした物語を白日の下で展開させるのは、緊張感の持続を困難にさせがちで、実はかなり難しいのですが、『ザ・サンド』には、その点すらも味方につけるしたたかさがあります。

ヒロインのケイリーがいる「監視塔」と、彼氏のジョナやその浮気相手のシャンダらが乗っている燃料切れの「オープンカー」、そして、ギルバートが入れられている「ドラム缶」、それらの位置関係は直径15メートル以内です。

極端に舞台を狭くした分、高密度な人間関係とサスペンスの構築が可能になります。

さらにケイリーは彼氏のジョナといたいのに、ジョナはオープンカーの中にいるため、砂浜を歩かなければ近づけません。しかも、ジョナの傍らには浮気相手のシャンダがいます。

この設定のおかげで、ケイリーとシャンダとの間に〈関係性が生み出す緊張感〉と明確な葛藤構造が組まれている点も重要です。

やがて、ジョナはケイリーへの罪悪感もあり、助けを呼びに行こうと「殺人砂浜」に立ち向かうのですが、あえなく失敗。大ケガを負ってしまいます。

これを機に、それまで敵対していたケイリーとシャンダは手を組まざるを得なくなるわけですが、どちらも互いを憎んでいるため、物語の中間部では、いつ何時どちらかが裏切って相手を砂浜に突き落とすのではないか、というサスペンスが持続していくのです。

どんなにバカげた設定（砂浜がひとを襲う）でも、構造上明確な葛藤が組まれてさえいれば、面白く展開させることは可能だという好例でしょう。

ところで、登場人物が砂浜に手をついたり足を下ろしたりすると砂浜に呑み込まれてしまうというサスペンスは「地雷モノ」と呼ばれる企画でよく見かける作劇手法の応用です。地面に仕掛けられた地雷をいかに踏まずに前に進むか、という映画は昔からよくありますよね。

この手のアプローチを選択した場合、「起きたこと」で見せていくよりも「起きるであろうこと」で観客をハラハラさせていかなければならないため、通常よりも高度な作劇と演出力が求められます。

とりわけ重要になるのは俳優演出です。低予算ゆえ「映像のスペクタクル性」に頼れない分、俳優の内面の感情を引き出し、彼らのリアクションを積み重ねることで「状況が持つ緊張感」や「人物たちの心情表現」を構築していく必要があるからです。

必然的に「登場人物たちのアップ」が多くなります。映画の場合、人物のアップを多用した演出は「テレビドラマ的で安易である」と否定的に捉えられる傾向がありますが、必ずしもそうとは限りません。人間の体で最もドラマチックな部位は「顔」です。アップが多くなればなるほど、ひとりひとりの俳優が背負う役割は大きくなりますし、彼らの貢献度も、彼らへの依存度も高くならざるを得ないため、形骸化した芝居では成立しなくなります。

無名の新人俳優をメインキャストに選ばざるを得ない「超低予算のモンスター映画」を作る場合、「アップの多用」は安易どころか、むしろかなり高いハードルなのです。

その点で本作はキャストに恵まれています。ケイリー役のブルック・バトラーと、その恋敵であるシャンダを演じたメーガン・ホルダーのふたりの女優は、無名と言っても差し支えない程度のキャリアしかありませんが、この企画の「足りない予算」を補って余りあるほどの繊細かつリアルな演技で応えていきます。

そんな彼女たちの健闘に呼応するかのように、カメラは「登場人物たちの顔」を丁寧にすくい取っていきます。撮影監督を務めているのは、照明部スタッフとしてのキャリアが長いマット・ワイズ。自然光撮影を活かしたシネスコ画面を駆使し、俳優たちのアップを、そのつど的確な位置から的確に捉えていきます。

特に開始30分目辺りで生じる「ジョナがサーフボードを使ってオープンカーからテーブルまで移動しようとするくだり」での、カメラのポジション取りとレンズ選択は驚くほど的確で、ハッとさせられます。あまりにも自然に観ることができるので、正当な評価を受けにくいかもしれませんが、このシーンでワイズがとった選択の数々は、実は相当難易度の高い方法論です。

いずれにせよ、バトラーとホルダー、ふたりのヒロインの芝居を観ていると、アメリカ映画界の若手俳優の層の厚さを思い知らされます（もし日本でこの企画を動かそうとしたら、彼女たちのレベルの俳優は捕まえられないでしょう）。

一方、対する男優陣は、自分たちの役割がふたりのヒロインを引き立てることにあるということをかなり深い部分で理解しているようで、全編控えめかつ的確なサポート演技で応えていきます（だからこそ、バトラーやホルダーよりも経験値の高い男優たちがキャスティングされています）。

特にケイリーとともに監視塔にいるミッチを演じたミッチェル・ムッソは、映画化もされた人気テレビシリーズ『シークレット・アイドル／ハンナ・モンタナ』のオリバー役で有名ですが、前半部で引き算の芝居を続けた結果、中間部で期せずして命を落とすくだりでは本領を発揮。観ていて思わず心痛を覚えるほど真に迫った「死の瞬間」を見せ、場をさらっていきます（このさらい方は、単なる独壇場ではなく、その後のバトラーの芝居にプラスの影響を与えています）。

若手俳優が揃うなか、キャリアが最も充実しているのが、中盤で登場する警官を演じたジェイミー・

ケネディです。彼は『スクリーム』シリーズのランディ役が有名ですが、今回はトリックスター（事態を混乱させる役割）としてのちょっとした笑いも提供し、物語のアクセントになっています。

ところで、この映画が面白く仕上がっている最大の要因は、監督や俳優を含めた作り手たちが、「砂浜がひとを襲う」という企画自体が持つバカバカしさに「依存したり、ハシャいだりしていない」点にあります。

通常作り手たちが「自分たちのしていること」に過度に自覚的になり、「どうですか？　ぼくたちが今やっていることって面白おかしいでしょう？」と居直ってしまうと、観客は彼らの自意識を感じとり、シラけてしまうものです。

『ザ・サンド』がそうならずに済んでいるのは、そもそも脚本と演出の連繋レベルが非常に高く、しかも「一見、そうは感じられないように」ジャンルの秩序を守ろうとしているからではないか、とぼくは考えています。

実際、物語が進むなかで「助けを呼ぶには携帯電話が要る！」という展開になり、登場人物全員の携帯電話をまとめて入れてある場所がオープンカーのトランク内だったと判明してからの流れは秀逸です。

登場人物のひとりがトランクを開けようとするのですが、後部座席から開けようとするとトランクの取っ手に手が届かず、かといってトランクに乗っかって開けようとすると、取っ手には届くけれど体重が掛かって開けられない。

その後、砂浜に下りずに「立つことができる」場所はどこかと探した結果、幅にしてわずか数センチの「車の後部バンパーの上」しかない、となります。

ところが、バンパーの上に立った状態でトランクを開けようとすると、今度は自分の「すね」がトランクに引っかかってしまい、開けられない。

でも、開けなくてはならない。しかし、踏み外すと砂に足が着いてしまう。さぁ、どうする？　といった、本来であれば「単に小さいだけのアクションと葛藤」を、安易に「笑いの方向」に（つまり、作り手がハシャいだ状態に）持っていかず、手に汗握るサスペンスとして成立させている点は充分評価に値するポイントです。

監督はこれが初メガホンとなるアイザック・ガバエフ。これまで『メン・イン・ブラック3』や『アメイジング・スパイダーマン2』といった作品で特殊効果の小道具係やグリーンパーソン（合成用のグリーンバックと同色のスーツ〈モジモジくんのようなものです〉を着て、合成素材を操作するスタッフ。日本の現場ではグリーンマンと呼ばれることが多い）を務めていた人物です。

ようするに「特殊効果畑出身の監督」ということです。

「特殊効果畑出身の監督」のなかには、「俳優の演技よりも映像の迫力」を重視するひとが多く（すべてのひとがそうだとは言いませんが、そういうひとが多いのは残念ながら事実です）、細かい芝居や繊細な心理表現に対してなおざりになってしまうこともあります。

その点、今回のガバエフ監督の場合、きっちりと登場人物の心理に寄り添った演出をしていて、とても好感を持ちました。

例えば、物語の中間部が終わりにさしかかったころ、ヒロインのケイリーと、それまで敵対してきた恋敵のシャンダが合流。

ひとしきり罵り合ったあと、ふたりからは距離のあるテーブル上で意識を失いかけているジョナを見つめながら静かに交わす会話シーンは、殺伐とした展開のなかで心地よいアクセントになっています。

以下、日本語吹き替え版から採録してみます。

ふたりは互いに目を合わさず、一定の緊張感を維持したまま、やがてシャンダが口火を切る。

シャンダ「あなたたち……」
ケイリー「?」
シャンダ「完璧なカップルだった」
ケイリー「……」
シャンダ「綺麗で、賢くて……愛し合ってて」
ケイリー「……」
シャンダ「結婚して、たくさん子供産むんだろうなぁ、って……」

ケイリー「……私も、」
シャンダ「(ケイリーを見やり)……」
ケイリー「そう思ってた……」
　　　すでに死を覚悟しているようなケイリーの横顔。
シャンダ「(たまらず)……怖い？」
ケイリー「(それには応えず)ジョナのこと、愛してきた……でも、」
シャンダ「？」
ケイリー「(シャンダを見やり)人生は長いから」
シャンダ「(視線を外し、遠い目になり)……どうかな」
　　　シャンダの横顔も死を覚悟している。その想いが痛いほど分かるケイリー。
ケイリー「(言葉が出ない)……」
シャンダ「(同様に)……」

このあとふたりは意を決し、ジョナを救い出すべく、そして共にビーチから脱出すべく共闘していきます。物語の大きな転換点となる重要なシーンです。

本来は、この手の規模の、この手の作品でこそ、今挙げたような心情表現の芝居を組む姿勢がとても大切だと思うのですが、残念ながら多くの低予算ホラー作品では、まずそういうことはやろうとしません。

厳密に言うと、「敵対していた人物同士が、共通の敵を倒すため、一時休戦し共に闘う」という機能的役割を持つシーン自体は、大抵のモンスター映画には投入されているものですが、それを先のような繊細な会話で表現するケースは極めて希なのです。

この辺り、脚本家のセンスが冴えていると言っていいでしょう。

脚本を担当したのはアレックス・グリーンフィールドとベン・パウエルのふたりです。

グリーンフィールドは『メテオ』や『メテオ2』また『M10・0／ロサンゼルス大地震』といったジャンル物のテレビムービー（いずれも日本では劇場未公開のDVDストレート）を多く手がけてきた職人タイプです。

片やパウエルは2012年制作の劇場未公開映画の秀作『キッズ・リベンジ』で脚本を担当し、一気に頭角を現した作家タイプ。

パウエルの（現時点での）代表作『キッズ・リベンジ』は、一部で「暴力的なホーム・アローン」と評されている、一軒家を舞台にしたバイオレンスドラマです。

再婚した両親それぞれの連れ子だった高校生の男の子と女の子が共同生活を始めますが、なかなか兄妹として心を通わせられずにいます。そんなある日、突如として自宅を強盗に襲われ、親を殺害されてしまった彼らは、犯人たちに見つからないようにと身を隠しながら、真の兄妹として結束し、復讐を開始するという話です。

この映画にも、対立していたふたりの意思が疎通する瞬間を繊細な会話で描いた場面が登場します。そういう意味では、先ほどのケイリーとシャンダのやりとりはパウエルの筆によるものかもしれません。

いずれにせよ、このシーンを観たとき、ぼくは「この映画は信用できる！」と確信しました。登場人物をきちんと「生きているひと」として扱っているからです。

通常、ジャンル映画の、とりわけスラッシャー映画（若者たちが殺人鬼によって次々と血祭りに上げられる物語構造のジャンル）の登場人物は、良くも悪くも「生きた人間」として描かれることはまずありません。

作り手の手抜きや志の低さがそういう状況を呼び込んでしまうケースもありますが、多くの場合は意図的に「生きた人間」にしないようにするものです。

というのも、通常、スラッシャー映画の見せ場は、特殊メイクやCGといった視覚効果を駆使して描かれる〈登場人物が殺害される場面〉にこそあります。

例えば、キャンプ場に姿を現した〈仮面の殺人鬼〉が斧や鉈、チェーンソーなどを使って、若者をひとりひとり惨殺する場面ですね。それこそが観客が求めている描写である、という点がスラッシャー映画というジャンルの特殊性でもあります。

しかし、いくらスラッシャーのファンとはいっても、通常の感性を持った観客であれば、「共感性の高い登場人物」が殺された場合に、観ているのが辛くなるはずです。

そうなると、ジャンルとしての愉しみを味わうことができなくなります。だからこそ、登場人物たちをあえて「形骸化したキャラクター」として描き、「生きた人間」としては描かない。これは、観客に「不要な」心痛が発生しないようにとの、作り手の配慮なのです。

ところが、『ザ・サンド』はそのリスクに果敢に挑戦するどころか、むしろ積極的に立ち向かおうとします。登場人物たちの死を痛みとして描くことで、シンプルな世界観にリアリティを出そうとしているのでしょう。そういった姿勢の誠実さこそが、この映画のオリジナリティであり、チャームポイントでもあります。

さて、全面的に褒めるのも不自然かつアンフェアなので、以下、弱点についても触れておきますね。

残念なのはクライマックスの処理の仕方です。中間部の後半までは炎天下のデイシーンで押し切ってきたにもかかわらず、後半部に入った途端、映画はやや強引にナイトシーンへと突入。砂浜の下に身を潜めていたモンスターが登場し、ケイリーが闘うという流れになります。この展開自体は「ジャンルの秩序」を辿ろうとした場合、避けては通れない展開ですから、ある程度は仕方がない、とも言えます。

しかし、元々この映画は、普通のモンスター映画ではないはずです。モンスターを堂々と出せないほど予算が少ない「特殊なプロジェクト」だったはずです。

だからこそ、「ただそこにある砂浜」というアイデアでモンスターの存在を意識させる、という選択をしてきたはずなのです。

ところが最後にきて突然、過度に少ない予算のなかで、無理をしてCGのモンスターを出してしまう。率直に言って、ここのくだりのCG処理は目も当てられないほどチープなので、多くのひとが興ざめしてしまうでしょう。

しかし、個人的に「チープなCG」以上に残念だと感じたのは、「チープなCGとの闘い、というクライマックス」を「選択したこと」で、ケイリー役のブルック・バトラーの演技が、唐突に形骸化してしまった点です。

これは、それまでの「経験値の少ない新人女優の個性を活かす」べく、「リアルでナチュラルな芝居」に徹していた流れから、急遽、「合成素材との闘い」へと「芝居の質」が切り替わったことで、立ち位置や動きなどが厳密になり、用意された「絵コンテ」にハメるような演技をバトラーが求められてしまったからではないか、と推察します。

もし、想像の通りだとしたら、あまりにももったいない話です。

最後まで「モンスターを出さない」という判断は、商品制作として勇気がいる行為だとは思いますが、そこに至るまでの展開が良いだけに悔しさは残ります。

それでも、『ザ・サンド』が見応えのある一本なのは間違いありません。

ぼくは基本的に、映画というのは「最初から最後までずっと良くできていなければならない」とはあまり考えていません。もちろん、それが可能ならそのほうが良いのかもしれませんが、大勢の人間が関わり、それぞれのプロジェクトのサイズや政治や経済を踏まえて作られているのが映画です。高予算であろうが、低予算であろうが、そうそう頭からお尻まで完璧に整えるのは難しいものです。

どこか一点でも、観ている側とシンクロする部分や、観ている側の心が揺さぶられる部分があれば、その映画は「充分楽しめるもの」として認識できるのではないか、と個人的には考えています。

劇場未公開映画を追いかける楽しみのひとつは、そういった「佳作」との出会いなのかもしれません。

さて、今回の『ザ・サンド』。

低予算のモンスター映画なんて、どうせバカバカしくて作り手がハシャいでるだけなんでしょ？　と感じて避けてきた方にほど、是非ご覧いただきたい一本です。

お近くのビデオ屋さんに寄られる際は、是非お手に取ってみてください。

では、また次回お会いしましょう！

03 ひとの心の内面は映画に映るのか？

今回取り上げる〈劇場未公開映画〉は、『妹の体温』というノルウェー産の文芸エロスです。

「異父兄妹による近親相姦」が題材ということもあり、いわゆる「男性視点での性的興奮」を期待する向きもあるようですが、そういった観点で鑑賞すると、ほぼ間違いなくガッカリしますので注意してください（笑）。

たしかに性的な場面も出てきはします。ですが、どのシーンも美しく儚いものが中心で、興奮するどころか、むしろとても心が苦しくなるような描写ばかりです。

というのも、この映画に於ける「近親相姦」は性的な快楽が目的で発生するものではなく、「心の時間が止まってしまった者同士」による魂の救済を求める行為そのものだからです。

なんてことを書くと、「なぁんだ、エロくないのか……」「ていうか、なんかめんどくさそう……」と思われた方もいらっしゃるかもしれませんが、『妹の体温』はそんな思いを補って余りある傑作です。

『妹の体温』
HOMESICK
2015年　ノルウェー　102分
監督：アンネ・セウィツキー
脚本：アンネ・セウィツキー／ランヒルド・トロンヴォル
キャスト：アイネ・マリー・ウィルマン／シーモン・J・ベリエル／アネッケ・ヴォン・デル・リッペ　ほか
DVD 3,800円+税
発売元：クロックワークス
販売元：アメイジングD.C.

逆に言うと、「うーん、近親相姦モノはちょっと……」とか「それって男にとって都合の良い〈妹萌え〉みたいなものでしょ？」と敬遠してしまった女性の方などにとっては、むしろ心に刺さる一本になるかもしれません。

個人的にはこれを機にひとりでも多くの方にご覧いただけたら、と願っています。

ではでは、あらすじを紹介しますね。

物語は主人公である20代後半の女性・シャルロッテがカウンセリングを受けている場面から始まります。彼女がどういった理由で、またどういった経緯でカウンセリングを受けるに至ったのかは明確に描かれません。

ただ、女性カウンセラーとの親密そうなやりとりから、シャルロッテが「これまでも複数回以上、この場を訪れている」ことは明白です。

カウンセラーと対峙したシャルロッテは、「お母さんを罰したい？」と尋ねられ、間髪を容れずにハッキリと頷きます。一方で、「誰かと親しい関係になりたいとは思わない？」と訊かれると、シャルロッテはしばし躊躇したのち、静かにそれを認めます。

一体、この女性は何者なのだろう？　どんな日常を過ごしているのだろう？

安易に主人公と観客を同化させようとはせず、むしろ「主人公の隠された部分を今後は注視してゆくように」とセットアップされた、実に巧妙なオープニングです。

そんなシャルロッテは、日ごろ、子供向けのダンス教室で講師をしています。生徒の子供たちは皆素直で可愛らしく、シャルロッテに懐き、慕ってくれています。ダンス教室の同僚・マルテとの親友関係も良好ですし、マルテの弟・ダグとは恋人関係にあります。まさに順風満帆。シャルロッテは人生を謳歌しているようにも見えます。

実際、シャルロッテは常に笑みを絶やさぬ社交的な女性です。誰からも好かれ、誰とでも良好な関係を築くことができそうです（少なくとも、そう見えます）。

では、冒頭のカウンセリングで垣間見えたシャルロッテの「心の闇」は何だったのか……？

ところで、シャルロッテの父親はアルコール中毒が原因の病で目下入院中です。母親のアンナはシャルロッテと交代しながらも、甲斐甲斐しく看病を続けていますが、一方で仕事をしながら大学に通い、「米国文学史のフェミニズム」を研究、博士号を取ろうとしています。

そんな向上心が強く自立した女性でもある母・アンナに対し、口では応援していると告げながらもシャルロッテはどこか納得がいっていない様子です。

それでも笑みを絶やさぬシャルロッテ……。

場面は一転、親友・マルテの結婚式へと移ります。

マルテは自分の弟と交際しているシャルロッテを「家族の一員」として招待します。ささやかながら、多くの親族や友人に囲まれ、愛に溢れた新郎新婦の姿。そんな彼らを穏やかに見つめるシャルロッテは実に幸せそうです。

ところが、新郎が祖母から譲り受けたというネックレスをマルテにプレゼントする様を見た途端、シャルロッテは複雑な表情を浮かべます。

その顔に宿るのは「嫉妬」の感情です。

ネックレスそのものに対するものではありません。

「家族の絆」が健全に受け継がれていくマルテの「人生」に対する嫉妬です。

やがて、マルテがふと目を離した隙に、シャルロッテはあろうことか件のネックレスをこっそりと自らの鞄に忍ばせてしまうのです。

このように映画の前半部は、「安定しているようで、どこか不安定なシャルロッテの日常」を丁寧に積み上げていきます。

そんなある日、ダンス教室にひとりの男性が姿を現します。

彼の名はヘンリック。

「どういうつもりだ？　どうして俺のことを嗅ぎ回る？　こないだも俺の家を外から覗いていただろう？」とヘンリックはいきなりシャルロッテを詰問してきます。動揺し、曖昧な態度でしか対応できないシャルロッテを見限るように、ヘンリックはその場を去って行きます。訝ったマルテは「あの男は何者？」と尋ねます。

「異父兄よ」と応えるシャルロッテ。

実はシャルロッテには異父兄がいたのです。

ここで観客は、この映画が始まるよりも前に、シャルロッテが異父兄であるヘンリックの元を頻繁に訪れていたことを知ります。でも、それは何故なのでしょうか？　そして、何のために「声も掛けず」に「こっそりと」様子を探っていたのでしょうか？

本来であれば、「オモテ」として描かれるべきシーンを「ウラ」にしているため、観客は主人公であるシャルロッテに対し、「まだまだ観客に対して隠し事をしているのでは？」と不信感を抱きつつ、さらに興味を抱いていきます。

この辺りの運び方は実に巧妙です。

『妹の体温』は「主人公の外側で発生する出来事の因果関係でストーリーを展開させる」いわゆるハリウッドスタイルの作劇ではなく、「主人公の内側で発生する感情の偶然性でストーリーを展開させる」ヨーロッパスタイルの作劇法を選択しています。

通常、そういった「主人公の内面の問題を扱うタイプの映画」は、主人公がひとりで行動をとる場面を〈事前に〉観客に見せることで、観客の感情移入を促すのが定石です。

そうすることの利点は、観客の「主人公への信用度（言い方を変えれば、観客と主人公の共犯関係）」を高められるのがひとつ。もうひとつは、その後、主人公が様々なひとたちと接する場面が出てきたときに、主人公が説明的な台詞を口にしなくても、観客は「いま、この主人公はこのように感じているはずだ」と察することが可能になる点にあります。

ところが、この映画はまったく逆のアプローチをとっているのです。

つまりシャルロッテが、親友のマルテやダンス教室の子供たち、はたまた恋人のダグには見せていない「個人としての側面（＝パーソナルイメージ）」を観客にのみ見せるのではなく、シャルロッテが誰にでも見せている「社会的な側面（＝パブリックイメージ）」のみを観客に見せながら、徐々に話を進めていく。

観客はなかなか「シャルロッテのなか」に入ることを許されないことで、ジラされてもいきます。

こういった作劇のアプローチは、ヨーロッパ製のアート映画ではおなじみの手法ですが、ハリウッド映画や日本のブロックバスター映画を中心に鑑賞しているひとにとっては「やや読み取りづらい表現」かもしれません。

しかし、この映画では驚くほど繊細かつ的確な描写が続くため、主人公の感情が手に取るように分かります。

もちろん、あまりやりすぎると観客から愛想を尽かされてしまう手法ではありますが、『妹の体温』が優れているのは「絶妙なさじ加減」で観客の好奇心をつなぎ止めている点です。

つまりは「限界」を見極めている。

その証拠に、物語は次なるシークエンスで大きく動きはじめます。

翌日、シャルロッテはいつも通り病院の父を見舞うのですが、母・アンナが不在のなか、父が発作を起こしてしまいます。慌てて助けようとするシャルロッテですが、麻酔で朦朧とした父は「アンナはどこだ？　どうしていないんだ！」と妻を求めて泣き叫び、娘の介助を退けてしまうのです。

傷ついたシャルロッテは兄・ヘンリックの元を訪れます。

それまでは遠巻きに見つめるだけだった兄の世界についに足を踏み入れるシャルロッテ。妻子あるヘンリックの家庭に触れながら、シャルロッテは、兄が「母親に捨てられた」と感じ、長年傷ついていたことを知ります。そして妹であるシャルロッテのことをひがんでいた、ということも……。

一方で、ヘンリックも「母と暮らしてきたことで幸せを享受している」と決めつけていた妹・シャルロッテにも深い孤独があることを知ります。

対立関係にあり、共通項などないと思われていた兄妹は、「幼いころの家族への想いや願い」という同じ傷を抱えていたことを理解し合うのです。

このあと、「あるエピソード」をきっかけに、シャルロッテとヘンリックの心の距離は急速に縮まります。そして、ふたりは禁断の恋愛感情を抱きはじめるのですが、ここの「距離が縮まるに至るエピソード」の描き方が絶妙なので、是非実際に映画をご覧になってみてください。

これは、いわゆる恋愛映画に於ける「恋に落ちる瞬間」のエピソードと同義のものなのですが、実はその手のシーンを組み立てるのはとても難しいのです。

特に今回の主人公ふたりの設定は極めて特殊な関係性なので、一歩間違うと「安易」になったり、「予定調和」に陥りがちです。

大袈裟にならず、実にさりげない芝居の組み方で、観客はごく自然にふたりの心の変化を納得させられます。

この辺り、監督の俳優演出が実に冴えています。

監督はノルウェーの女性監督アンネ・セウィッツキー。『妹の体温』の撮影時には36歳だったとのことなので、比較的若手と言っても差し支えないでしょう。

２０１０年に制作された長編第1作の『Sykt lykkelig』は、アメリカでは『happy happy』というタイトルで公開され、ブルーレイ化もされていますが、日本では公開はおろかＤＶＤ化もされていません。ぼくは輸入盤のブルーレイで鑑賞しましたが、愛情深く主人公を描きながら、観客の知的好奇心をくすぐるなかなかの良作でした。『happy happy』はサンダンス映画祭でワールドシネマ部門のグランプリを受賞。さらにはセビリア・ヨーロッパ映画祭の作品賞、またノルウェーのアカデミー賞と言われるアマンダ賞で主演男優賞を受賞しています。

その後、日本に於ける「良作北欧映画の見本市」としても知られるトーキョーノーザンライツフェスティバルの２０１３年版で、長編第2作の『Jørgen + Anne = sant』が『真実の恋』という邦題で上映されたことがあります（ちなみに、この映画はアマンダ賞の最優秀編集賞を受賞しています）。

そして、何本かの短編作品を経て2015年に長編第3作として完成したのが、今回の『妹の体温』です。

いまのところ、日本のマスメディアで取り上げられる機会はまったくと言っていいほどない作り手ですが、アンネ・セウィツキーの名は覚えておいても決して損はないと思います。

さて、物語は幼少時の傷を心に抱えた「兄と妹」の「止まった心の時間を動かすための恋愛模様」を映し出しながら、まずはふたりにとっての幸福な時間を、やがてふたりにとって、そして周囲のひとびとにとっても不幸な時間を描写していきます。

そのことで観客は、シャルロッテが誰にでも見せていた「社会的な側面（＝パブリックイメージ）」から、誰にも見せていなかった「個人としての側面（＝パーソナルイメージ）」を見つめる時間が増えていることに気がつかされます。

当初はなかなか「シャルロッテのなか」に入ることを許されなかった観客は、いつしか誰よりも「彼女のなか」に身を置いている状態に悲しみと息苦しさを覚えはじめるでしょう。

そのことを象徴的に表すシーンが後半に出てきます。シャルロッテと、兄であるヘンリックとの間に「ただならぬ関係性」を感じとった恋人・ダグが、シャルロッテの携帯電話を盗み見てしまう場面。

そこには彼女が兄に向けて書いたメールの一文がありました。

「私のなかに来て」

父親が違えど、実の兄であるヘンリックに対して性的なモーションをかけている、と解釈したダグは怒り狂います（無理もありません）。

しかし、そのころには、「私のなかに来て」という文言が、セクシャルな意味だけではなく、シャルロッテの真の心の叫びであることを観客は理解しています。

幼いころからずっと、父のことも、母のことも、親友のことも、恋人のことも、教え子である子供たちのことも、そして、当初は観客のことも、「自らの心のなか」に踏み入れさせることを許さなかったシャルロッテが、ようやくその想いを素直に口にすることができた相手が、「同じ未精算の過去」を持つ、異父兄のヘンリックであったことを観客は知っているからです。

しかし、皮肉にもこの場面にヘンリックはいません。ダグに殴打され、鼻血を出しながら泣いて詫びるシャルロッテの姿は、まるで幼子のようです。

このエピソードを境にシャルロッテは堕ちていきます。

観ていて辛い時間が流れていきますが、やがてシャルロッテは絶望のなかに一筋の光を発見していくのです。

きっかけとなるのは、親友・マルテによる「ひとこと」です。

「あなたは家族じゃない。赤の他人よ」という、一見すると「突き放すような台詞」なのですが、これを機にシャルロッテの「選択」や「行動」がどのように変わっていくのか、またそのことでシャルロッテの「心の内面」がどのように変化・成長するのかは、是非実際に映画を観てご確認ください。

ところで、映画には「ひとの心の内面」は映らない、とよく言われます。

たしかに「私はこう思った」「彼はこう感じていた」といった〈小説では描写可能な内心の思い〉を映画で描くことができないのは事実です。

だからこそ、映画で人物の心理状態を描くには「行動」として「相対化」しなければならない、というのが定説となっています。

例えば、「彼はAという行動をとるひとだから、Bという心理状態にあるのだろう」と推測したり、「多くのひとがAという行動をとるであろう場面で、Bという行動をしたことで、彼はCという心理状態にあるのかもしれない」と想像したりする。

これが映画表現に於いて「ひとの心の内面」を描くことができる唯一の方法だとされています。

たしかに、そうなのです。

そうなのですが、ぼくにはどうしても腑に落ちないところがあります。

ひとの心の内面は、本当に映画には映らないのでしょうか？

ちょっと現実の場面として想像してみてください。

もしもあなたが、大切なひと（家族、友人、恋人など）とレストランで待ち合わせて食事を始めたとします。でも、目の前の彼や彼女の様子がどこかおかしい。

何やら悲しそうだ、と感じたとします。

あなたと会う前に何かあったのかもしれません。とはいえ、レストランに来る前に彼や彼女にどんな出来事が起こったのかは知らないとします。しかしながら、様子は明らかにおかしいし、やはり悲しそうに見える。

そして、実際そのとき、そのひとは「心の内で悲しんでいた」とします。

こういった状況が発生したとき、「心の内面が見えない」ということにはならないはずです。

つまり、あなたの眼というカメラには「その人の心の内面」が映っているはずなのです。

ということは、例えば失恋した女性の役を演じている女優が「役柄の気持ち」になりきった状態のまま、「傷ついている」という思いを抱えてカメラの前に立ったとしたら、そのショットには「傷ついている」という「ひとの心の内面」が映っていることになるのではないでしょうか。

一方で、あなたがよく知らないひとと面と向かっているとき、そのひとが「悲しい気持ち」を抱えていたとしても、よく知っているひとと向き合っているときほどには「そのひとの悲しい気持ち」を読み取れないかもしれません。

考えられる理由は大きくふたつあります。

あなた自身がそのひとの「普段の状態」を見たことがないため比較ができない、というのがひとつ。

もうひとつは、相手のひともあなたのことをよく知らないため、一定の緊張感を保ったまま接している。そのことで「親しいひとと接しているときほど」には「悲しい気持ち」が表出しにくい状態（自己開示をしていない状態）にあるということです。

いずれにせよ、自己開示をしていないひとの心は見えにくいですし、逆に言うと自己開示をしていれば見えやすくなる、つまりはカメラにも映りやすくなる、ということが言えると思います。


ちなみに、「私は傷ついている」「私は怒っている」などと言葉で伝えるコミュニケーション法を「バーバル（言語）・メッセージ」と呼びます。

一方、言葉に表さずに感情を伝えることは「ノンバーバル（非言語）・メッセージ」と呼称されています。

ヨーロッパ製の「人間ドラマ」には、この手のアプローチで作られた（つまり、ノンバーバル・メッセージを重視した）作品がたくさんあります。とりわけ文芸エロスのジャンルには、多く見られる傾向があるようです。

作り手が、「観客の人生経験や知性の高さ」また「観客の、他者の気持ちに対する想像力の豊かさ」を信じていないと、こういったアプローチはそもそもできません。

そういう意味では、『妹の体温』は、我々観客のことを信じているが故に、「作り手が自己開示した映画」と言えるかもしれません。

さて、例によって全面的に褒めるのも不自然なので、気になった点をひとつ。

惜しむらくは2段階に組まれたラストシーンの1段目の処理の仕方です。

父が病死し、その後約1年の時が流れ、「新たな恋人とともに引っ越しを決めた母親」を手伝っていたシャルロッテが「愛してる」と伝えるくだり。

このシーン自体はふたりの女優の芝居が的確なので成立はしているものの、さすがにここに至るシャルロッテの感情の変化（もしくはその兆し）を「ウラ」にしてしまったのはやりすぎだと感じました。せめて、その前にシャルロッテがひとりで家族写真を見つめている、などの「思いを馳せているシーン」くらいはあっても良かったのではないでしょうか？

そうでないと母親への愛の告白は、「とってつけたような解決シーン」と解釈されかねません。ようするに、この映画が最も避けてきた「安易なアプローチ」と混同されてしまう危険性があるのです。

一方で、続く第2段階の（つまり本当の）ラストシーンの処理の仕方はとても素晴らしいと思います。とくに兄・ヘンリック役を演じた俳優シーモン・J・ベリエルの芝居。

台詞はないのですが、背中での演技に「家族愛」を滲ませていて、見事です。

最後に、この作品の英語圏での公開タイトルをお伝えします。

『HOMESICK（ホームシック）』です。

『妹の体温』は、近親相姦がモチーフのエロス映画ではありますが、実際にはいわゆるインナーチャイルドの主人公たちが、真の家族を求めて彷徨う物語なのです。

パッケージやタイトルから早合点し、この傑作を見逃すことになるのは、あまりにもったいないと思います。

お近くのビデオ屋さんで見かけたら、是非手に取ってみてください。

では、また次回お会いしましょう。

04 絶妙なアレンジが光るリメイク作品

昔からヨーロッパ映画をハリウッドでリメイクすると「縮小再生産」に陥りがちだと言われています。とりわけ頻繁に指摘される問題は以下の2点です。

①基本的なストーリーラインや人物設定は同じなのに、ハリウッド的「分かりやすさ」を過度に追求した結果、予定調和な展開に陥ってしまう。

②登場人物の「内面の複雑さ」や「曖昧さ」を回避しようとした結果、オリジナル版にあったエスプリが効かなくなってしまったり、物語の余韻がなくなってしまう。

①に関しては、プロジェクトのイニシアチブをとる人間が「どういうリメイクを目指すのか」を決めた時点で、ごく自然に呼び込まれてしまう要素なので、「企画の眼差しの問題」と言えるでしょう。一方、②に関しては、「企画の眼差し」に則ったうえで、実際に脚本を組み立てていくプロセスで徐々に変更が加えられるケースが多いため、「作劇のアプローチの問題」と言えます。

『ターゲット』
WILD TARGET
2010年　イギリス／フランス　98分
監督：ジョナサン・リン
脚本：ルシンダ・コクソン
キャスト：ビル・ナイ／エミリー・ブラント／ルパート・グリント／マーティン・フリーマン／ルパート・エヴェレット　ほか
DVD 3,800円+税　発売元：ファインフィルムズ　販売元：ハピネットこれらふたつの問題（企画の眼差しと作劇のアプローチ）は、混同して語られることが多いようですが、実際には発生する理由も工程もまったく別のものです。洋の東西を問わず、脚本が作成されるプロセスには同一性があり、双方が同時に立ち上がることは、まずあり得ないからです。

もちろん、ヨーロッパ映画のハリウッドリメイクがすべて失敗するわけではありません。面白くリメイクされたケースもままあります。

例えばジェームズ・キャメロン監督の『トゥルーライズ』は、フランス映画『La Totale』の事実上のリメイクですが、作品的にも興行的にも成功しました。

小粋なフレンチコメディだったオリジナル版から「凡庸な父親が実は国家存亡の危機を何度も救ってきたスパイだった」という基本設定だけを拝借し、いかにもハリウッド的なアクション大作へと大胆にアレンジしたことが功を奏したと言われています。

映画に限らず創作物には、大なり小なり作り手の国民性（お国柄）が反映されるものです。お国柄が「ほのかな隠し味」になっている作品に「刺激的な調味料」をふりかけると（＝他国の論理を押しつけてしまうと）、失敗を呼び込みやすくなる。

考えてみれば当然のことかもしれませんし、もっと言えばヨーロッパ映画のリメイクに限ったことだけではないのかもしれません。

実際、日本のホラー映画『リング』をハリウッドで再映画化した『ザ・リング』は記憶に新しいところですが、あの映画にも奇妙なアプローチはいくつか存在しました。

例えば、オリジナル版にあった、呪いのビデオを観てしまった人間が「7日後」に殺されてしまう、というアイデア。

なぜ7日後なのか、については劇中で具体的な説明が一切なく、そのことがむしろ「曖昧さ故の恐怖感」をかき立て、和製ホラーならではの魅力として機能していたわけです。

ところが、ハリウッドのリメイクチームは「なぜ7日後なのか」という点にどうしても意味を持たせたかったようで、「一般的に考えて、井戸に閉じ込められた人間が生きていられるのは大体7日間くらいだから」という、分かったような分からないような、曖昧な説明台詞が追加されていました。

そのせいで大切な恐怖感が軽減してしまったことは否めません。

ハリウッド製のリメイク作品では、こういった（オリジナル作品に愛がある人間からすると悪質に見えてしまう）アレンジが残念ながら幾度となく繰り返されてきました。

だからこそ、自分が好きだった「あの映画」がハリウッドでリメイクされるらしい！　といったニュースを耳にするたび、なんとなく不安になったり、嫌な予感がしたりするのは、決してぼくだけではないはずです。

そのようなわけで、1993年に制作されたフランス映画『めぐり逢ったが運のつき』（原題『CIBLE EMOUVANTE』）がハリウッドでリメイクされると聞いたときも、ぼくは漠然とした不安を覚えたのでした。

ところが、いざフタを開けてみると、それは単なる杞憂に終わりました。

今回取り上げる〈劇場未公開映画〉は、そんな類い希なるリメイクの成功作『ターゲット』です。オリジナル版の『めぐり逢ったが運のつき』のストーリーラインはもちろん、登場人物のキャラクター、具体的な作劇や構成など、そのほとんどを変えることなく、わずかに絶妙なアレンジを加えたことで独特の輝きを持つリメイク作品に仕上がっています。

その理由は、ぼくが耳にしていた「ハリウッドでリメイクされる」というニュースが実はガセで、実際にはイギリス映画だったからかもしれません。

今回はその辺りを掘り下げてみたいと思います。

まずはあらすじをご紹介しましょう。

主人公のヴィクター・メイナードはプロ意識の高いベテランの殺し屋ですが、50代も半ばを過ぎ、殺伐とした生活に疲れを感じはじめています。

メイナードは殺し屋一家の血筋で育ったサラブレッドです。亡き父は優れた暗殺者でしたし、現在は老人ホームに暮らす老いた母も、やはりかつては殺し屋でした。

息子を溺愛する母は、初老を迎えたメイナードの仕事に対し、未だあれやこれやと口を出してきます。

メイナードが感じている日々の疲れは、自身の年齢や「殺し屋という職業」のせいだけではなく、生まれながらに「両親により定められてしまった人生そのもの」にあるのですが、当の本人はそのことに気がついていません。

そんなある日、メイナードの元に新たな殺害依頼が舞い込みます。ターゲットは名画の贋作をギャングに売りつけては大金をだまし取る女詐欺師・ローズ。レンブラントの贋作を高額で買わされたギャングのボスは怒り心頭です。

早速、メイナードは行動を開始。いつも通り的確に仕事を全うしようとしますが、なかなか殺害を実行できません。

ローズを尾行するうち、彼女のあまりの自由奔放さにすっかり魅了されてしまったからです。

厳格な両親の下、過度に几帳面かつ潔癖症気味に育ったメイナードにとって、人生を謳歌しているローズの姿はまぶしく映ったのでしょう。

業を煮やしたギャングのボスは、部下にローズの殺害を命じます。そうとは知らず、ついに覚悟を決めたメイナードはローズの殺害に踏み切ろうとしますが、そこにギャングの部下が現れ、ローズが窮地に立たされます。

反射的にギャングの部下を撃ち殺し、ローズを救ってしまうメイナード。たまたまその場に居合わせた青年トニーを巻き込み、3人の逃避行が始まります。

ここまででおよそ30分。ドミノ倒し的に思いがけないことが連発する作劇で物語はテンポ良く進んでいきます。

メイナードを演じているのは『アンダーワールド』シリーズや『パイレーツ・オブ・カリビアン』シリーズでおなじみの名優ビル・ナイ。

ローズ役は『ヴィクトリア女王／世紀の愛』や『オール・ユー・ニード・イズ・キル』等で知られるエミリー・ブラントが演じています。

ふたりと行動をともにする青年トニーを演じるのは『ハリー・ポッター』シリーズのロン役で人気のルパート・グリントです。

この3人の芝居のコントラストが実に見事で、映画の中軸を支えています。

なかでも、明らかに身勝手であるにもかかわらず、どうにも憎めないローズの奔放さは峰不二子的でもあり、とても魅力的です。展開のスピーディーさも相まって、前半部は『ルパン三世』的な世界観と言ってもいいかもしれません。

エミリー・ブラントの好演が光ります。

しかし、この映画が本当に面白くなるのはここから先です。

しばらくはメイナード一行とギャングのボスらとの攻防が続きますが、上映時間が真ん中を過ぎるころ、物語は新たな展開を迎えます。

次々と襲い来るギャングの刺客から逃れるため、一行は長年メイナードが近寄ろうとしなかった〈彼の実家〉に身を隠すことになるのです。

厳しかった両親との思い出や子供時代のメイナードの記憶がたくさん詰まったその家で、3人は疑似家族のような生活を送りはじめます。

アップテンポで一気呵成に進んだ前半部とは打って変わり、中間部ではメイナードとローズの衝突と和解を通じて「家族が子供に与える影響」についてユーモアを交えながらも深く考えさせられるエピソードが繰り返されていきます。

ローズは自らのセクシーさを充分自覚しており、これまでにもバーテンダーやホテル従業員など様々な男性とベッドを共にしてきました。そんなローズには、ややセックス依存の傾向が垣間見えます（詳しくは描かれませんが、父性に対する何らかの執着が見てとれます。この点、メイナードの母性への執着と対になっていて興味深いところです）。彼女に魅力を感じているメイナードですが、その点（セックス依存のきらいがある）については、内心嫌悪している様子です。

一方、命を救ってくれたメイナードに礼をしようと、ローズは庭に花を植えるための穴を掘っていきます。ローズの思いをくみ取れず、彼女を怒鳴り散らすメイナード。

また、家具の位置や食事の時間にこだわり、汚れがつかないようにと椅子やクッションはすべてビニール張りをしているメイナードに対し、「こんな家にいたら息が詰まる！　このままじゃ私もあなたみたいな人間になりそうで耐えられない！」と激高するローズ。その言葉にメイナードは深く傷つきます。

ローズが批判した要素は、メイナードにとっては母から受け継いだ「大切で欠かせない価値観」だからです（少なくとも彼はそう信じきっています）。

一方で、トニーに殺人術を伝授していくメイナードの姿には、ストーリー上の「後継者を育てることで現役を引退したい」という設定以上に、子を持たない初老の男の孤独が垣間見えます。

こういった中間部のエピソードを見ていくうちに、この映画が本当は何を描こうとしている話なのかが浮き彫りになってきます。

『ターゲット』は、初老の殺し屋が主人公のアクションコメディではあるものの、実は典型的な女性神話の構造を有しています。

女性神話というのは、端的に言うと「承認欲求の物語」です。

そもそも神話には「男性神話」と「女性神話」の2種類があります。

男性神話は「少年が大人になるための冒険譚」のことです。

例えば、平和な村に住んでいた少年が、何らかのきっかけで村を出て、旅をはじめます。道中、少年は様々な苦難を経験しながら（便宜上の死と再生を繰り返しながら）、自らの実力を高め、自信を身につけ、最終的には自らの選択と努力をもって、何らかの勝利を掴みとります。

旅を終えた少年は村に帰りますが、そのときすでに彼はかつての少年ではなく、勇者へと成長している。この流れが典型的な「男性神話」の軌道です。

一見すると、いわゆる「剣と魔法の物語」にのみ適用可能な構造のようですが、実は「現代社会に於ける人間の成長過程」と同質の構造です。

若者が親に守られてきた生活を捨て（つまり、実家を出て）、社会に飛び出し（就職し、ひとり暮らしを始めて、自ら家賃を支払い）、「その道」の師に鍛えられ（会社の上司や得意先のひとたちに揉まれ）、志を共にする仲間と出会い、彼らと切磋琢磨を繰り返しながら（同僚たちと数々のプロジェクトを成立させ）、自らの選択で「社会的地位」を築いていく。

他者との関わりを学ぶことで、モラトリアムで利己的だった視点から、誰かの役に立てるようにと利他的な視点を持った人物に変わっていくのが「社会的成長」の根源であることを考えると、男性神話＝社会的自立の物語と同一であることがお分かりいただけるかと思います。

片や女性神話は「承認欲求」の物語です。

典型的な女性神話の主人公は、親に定められた生き方（古い世界）に依存することで身の安全を確保できている半面、内心では抑圧され、自分らしさ（ありのままの姿）との狭間で苦しんでいます。

そんな主人公が「親の目の届かない外世界」の住人から何らかのきっかけをもらうことで（相手から見初められたり、主人公の側から相手に好意を抱いたりすることで）、実は元々、自らの内側に存在していた「輝きの種」に気づきます。このことは「承認欲求のくすぐり」にあたります。

主人公は「新たな世界」に魅了されつつ（ありのままの自分を認めてもらったことに歓喜しつつ）、

なかなか「古い世界」との決別を果たすことができません。自らの輝きを自覚しつつも、それを信じきる覚悟がなく、失敗するのが怖いからです。しかし、それでは「自分自身の問題」と直面することはできませんし、事態を根本から解決することもできません。

社会と自分との関係性のバランスを保つため、主人公が「ふたつの世界」を行き来しているうちに、いつしか必ず破綻が訪れます。

どちらかの世界の住人として生きていく覚悟が問われる日がやってくるのです。

具体的には、「新しい世界で、リスクはあるかもしれないが、ありのままの自分として生きるのか」それとも「古い世界で、安全ではあるものの抑圧された〈親に決められた人生〉を辿るのか」を選択しなければならなくなります。

この、大きなリスクを伴う選択をする瞬間が、女性神話のクライマックスにあたります。

多くの場合、女性神話は「おとぎ話」に応用されている構造なので、幼いころに童話や絵本で読まれたことがあるかと思います。

『シンデレラ』などは女性神話の典型ですし、最近では『アナと雪の女王』なども女性神話の応用です。

また、実写映画でもインド人の主婦がアメリカで英語を学ぶ『マダム・イン・ニューヨーク』や、孤児の少女が政治家の家に居候する『ANNIE／アニー』なども典型的な女性神話の構造を有した物語と言えます。

『ターゲット』の主人公メイナードは「優秀な殺し屋の家系」に生まれ、親の期待に沿うようにと（＝

ある種の依存状態に陥る行為を経たことで）一流の殺し屋に成長したものの、内心では孤独を感じ、愛に飢え、平凡な家庭生活に憧れています（＝抑圧を感じている、ということです）。

そんな彼が、御年50半ばを過ぎたいま、「新しい世界の住人」であるローズを殺すよう命じられるも、それを拒否し（古い世界への反発を起こし）、逆に彼女を守るという選択をしたことで「古い世界との決別」を問われていく。

まさに女性神話以外の何物でもありません。

単なるドンパチのアクションや、ドタバタの展開で進めようとすれば、それはそれで可能な設定とキャラクターのはずですが、そうはしていない。

この辺りが『ターゲット』の大きな魅力だとぼくは考えています（単なるドンパチやドタバタの愉しみ方もそれはそれであるのですが、その話はまた別の機会に。笑）。

さて、冒頭でも申し上げた通り『ターゲット』はオリジナルではなく、フランス映画『めぐり逢ったが運のつき』をリメイクした作品です。本当は両作を比較してご覧になると、色々と面白い発見ができるかと思うのですが、残念ながら『めぐり逢ったが運のつき』はDVD化されていません。

かつてVHSで市販されていたので、Amazonなどネットの中古販売で入手できるかもしれませんが、いずれにせよ容易に観ることは難しいかと思います。

では、実際のところ、『めぐり逢ったが運のつき』と『ターゲット』はどれほどの違いがあるのか、リメイクするにあたってどのような改変があったのか？

実を言うと、ほとんど変わっていません。

『めぐり逢ったが運のつき』自体が、かなり完成度の高い作品ということもあり（日本公開当時には、映画評論家の淀川長治さんが大絶賛されていました）、大まかなストーリーどころか、かなり細かい部分の構成もそのままですし、台詞の内容や俳優の芝居の動き、もっと言うと、カット割りやカメラワーク、登場するロケ場所や登場人物が使用する小道具に至るまで、『ターゲット』は、事細かに踏襲しています。

つまり、『ターゲット』の面白さは、『めぐり逢ったが運のつき』で、すでに実践されたものの忠実なコピーにすぎないのです。

なぁんだ、とガッカリされた方もいるかもしれませんね。

ですが、『ターゲット』には、実は決定的なアレンジが2カ所だけ加えられています。

この2カ所の変更は、大枠に於ける「筋書き」や「構成」には影響を与えていませんが（だからこそ全体的に踏襲が可能なわけです）、観客が感じとる「キャラクターの魅力」には絶大な影響を及ぼしています。

ひとつ目のアレンジはトニーとローズの登場の順番が逆になっている、という点です。『ターゲット』では、ローズ殺害を命じられたメイナードがローズを助け、その場にたまたま居合わせたトニーに窮地を救われ、３人での逃避行が始まります。

一方、オリジナル版の『めぐり逢ったが運のつき』では、メイナードが最初の殺しを実行するくだりで、たまたまその場に郵便配達でやってきていた青年がトニーです。

メイナードは殺人を目撃されてしまったため、トニーを殺そうとしますが、彼が護身用に手にしたナイフの握り方を見て、つい「いやいや、その持ち方じゃケガするから」と言って「的確にナイフで人を刺すための持ち方」を指南してしまうのです（このシーン自体はメイナードのキャラクター付けを端的に説明できていますし、何より笑えます）。

その後、オリジナル版のメイナードは「自分も歳を取ってきたし、そろそろ引退しようと考えているから弟子にしてやる」と言って、トニーを連れ回します。

この時点でローズ殺害の依頼はまだ入っていません。

つまり、『ターゲット』に於けるメイナードがローズと出会う瞬間、またメイナードがローズに対して好意を抱く瞬間にはトニーが不在だったのに対し、オリジナルの『めぐり逢ったが運のつき』では、それらの場面にもトニーが存在するのです。

こうなると、シーン運びという意味での構成自体は同じでも、個々のシーンの意味合いはまったく別物ということになります。

端的に言うと、『めぐり逢ったが運のつき』では「メイナードは孤独ではない」ということです。

そのため、ローズとの出会いや、その後の彼女との関わりに於いて『ターゲット』では描かれていたような「男女の吸引力」は必然的に弱まります。

『ターゲット』が「孤独な殺し屋」が「わがままな女詐欺師」に魅了され、たまたま居合わせた青年も道連れに逃避行する話だったのに対し、『めぐり逢ったが運のつき』は、「師匠と弟子の凸凹殺し屋コンビ」が「わがままな女詐欺師」と出会い、逃避行する話だからです。

逃避行のくだり以降の構成自体は、ほぼ１００％同じですが、これらの前段の差異によって、キャラクターの見え方も大きく変わっていきます。

もうひとつのアレンジポイントは、メイナードの実家での共同生活が続くなかで、とうとうローズがメイナードに恋をするくだりです。

ここもシーン運びの構成自体は同じなのですが、オリジナル版の『めぐり逢ったが運のつき』では、観客の感情移入という点でローズの印象がまったく異なるものになっています。

『ターゲット』では、深夜に頭痛で眠れなくなったローズがメイナードの部屋を訪ね、「頭痛薬」を求めますが、あいにく薬がないことが分かる。そこで「代わりに」とメイナードがベッドでローズの足を指圧してあげるというシーンがあります。このシーンが「ローズが恋に落ちる瞬間」です。

この場面自体は『めぐり逢ったが運のつき』にも存在します。


その後、2、3のシーンを経たのち、ローズがトニーの寝室で「トニーに添い寝をしながら」メイナードに恋をしてしまった、と告白するくだりがあります。

ここはセックス依存気味だったローズがトニーを男性として見てはおらず、「あたかも弟とベッドで添い寝している」かのような、そしてそのこと自体を「トニーも受け入れているシーン」として描かれており、『ターゲット』のなかでも魅力的な場面となっています。

ところが、『めぐり逢ったが運のつき』では、ローズがトニーに「メイナードに恋をしてしまった」と言いながらも、トニーにオーラルセックスを施すシーンになっています。

その際、「昔の私は今日でおしまい」と彼女は口にするので、明日以降は生まれ変わる、という意思表示でもあるわけですが、観客にはかなりアンビバレンツな印象を与えるアプローチと言わざるを得ません。


おそらく『ターゲット』のクリエイターチームはリメイクをするにあたって、「これはさすがにないだろう」と判断し、現行のシーンに改変したのだと思いますが、率直に言って、この改変は極めて正しいとぼくは思います。

これは決して『ターゲット』のほうが『めぐり逢ったが運のつき』よりも優れているとか、映画として上だと言っているわけではありません。オリジナル版のファンの方、どうぞお怒りになりませぬよう。

先ほど申し上げた通り、『めぐり逢ったが運のつき』は、「師匠と弟子の凸凹殺し屋コンビ」が「わがままな女詐欺師」と出会い、逃避行する話なので、オーラルセックスにも意味が出てきます。

実際、その後のくだりで師匠への罪悪感を感じたトニーが「ある嘘」をローズにつくことで、ふたりの思いを結びつけようとするくだりがあります。ここでのトニーの行動（＝嘘をついている）を認知しているのは観客だけ、という作りのため、たとえ「師匠が愛している女から性的なサービスを受けた」としても、観客にとってトニーは「信用できるキャラクター」に昇格することが可能です。


しかし、『ターゲット』では、そもそも「孤独な殺し屋」が「わがままな女詐欺師」に魅了され、たまたま居合わせた青年も道連れに逃避行する話へと、すでに変わっているのです。

この流れのなかで、オリジナルにあった「ローズがトニーに性的サービスをする」という展開を入れた場合、観客は確実にローズへの感情移入を失うばかりか、トニーに対しても不信感を抱くでしょう。

さらに言うと、「ふたりが交わした秘密の時間」をメイナードが知らないまま物語が終了することを受け入れることはできなくなるはずです（なぜなら、観客はメイナードの視点でこの物語を追っているからです。これは『アナと雪の女王』で、姉が抱えていた気苦労の数々を最後まで知らない妹に対して、「まったく人の気も知らないで……」と感じてしまうのと本質的には同義です）。

以上の2カ所が『めぐり逢ったが運のつき』を『ターゲット』としてリメイクした際のアレンジポイ

ントです。

冒頭で申し上げた通り、映画に限らず創作物には、大なり小なり作り手の国民性（お国柄）が反映されるものです。

お国柄が「ほのかな隠し味」になっている作品に「刺激的な調味料」をふりかけると（＝他国の論理を押しつけてしまうと）、失敗を呼び込みやすくなるのはたしかですし、なるべくなら避けたほうがいいでしょう。

しかし、「初老を迎えた男」の承認欲求を「女性神話の構造で描くこと」自体に力点を置いた今回のリメイク版の場合、２カ所の改変は絶妙なアレンジだった、と言えるのではないかと思います。

いずれにせよ、『ターゲット』は、元になった作品を知っている方にとっても、そうでない方にとっても、間違いなく楽しめるエンターテインメントの一級品です。

お近くのビデオ屋さんに行かれる際は、是非一度手に取ってみてください。

では、また次回お会いしましょう。

05

真面目なB級映画は、不真面目なA級映画よりも遥かに面白い！

たまにはアクション映画でも観てスカッとしたいなぁ。

でも、CGで巨大なビルが崩れたり爆発したりするのは見飽きたから、生身の俳優がアクションするやつがいいんだけど。

もっと言えば、上映時間があんまり長いのはちょっと……。


そんなあなたにピッタリな作品があります。

今回ご紹介するアメリカ映画の劇場未公開作品『NINJA』です。

CGのビル爆破はありませんし、肉弾アクションも満載です。

しかも上映時間は86分！　あっという間に観終わります。


うーん……でも、アメリカ映画でニンジャものだなんて、どうせ国辱映画でしょ？

と不安に思われるかもしれませんが、そんなことはありません。

『NINJA』
NINJA
2009年　アメリカ　86分
監督：アイザック・フロレンティーン
脚本：ボアズ・デヴィッドソン／マイケル・ハースト
キャスト：スコット・アドキンス／伊原剛志／肘井美佳／トッド・ジェンセン／伊川東吾　ほか
DVD 3,800円+税　発売元：日活株式会社
販売元：株式会社ハピネット

たしかに、おかしなところがまったくないわけではありませんが、ふた昔前（80年代の）のニンジャ映画に比べれば充分許容範囲です。むしろ日本や日本人へのリスペクトは極めて高く、作品としての完成度も申し分ありません（もちろん80年代のニンジャ映画も、あれはあれでサイコーです）。

それでは、あらすじをご紹介しましょう。


舞台は現代日本。滋賀県の山中。甲賀流の血を引く宗家・タケダ（伊川東吾）の忍者道場では、今日も多くの忍者予備軍が過酷な訓練を繰り返しています（ホラ見ろ！　やっぱり国辱じゃないか！　という声が聞こえてきそうですが、とりあえずここは受け入れてください。笑）。

多くの生徒のうち、タケダの愛弟子はアメリカ人のケイシー（スコット・アドキンス）と、兄弟子にあたる日本人のマサヅカ（伊原剛志）のふたりです。

日々、切磋琢磨する彼らでしたが、マサヅカは内心複雑な思いを抱いていました。

彼は生まれて間もなくタケダの弟子となり、長年道場で暮らし、甲賀の伝統を重んじ、宗家になるためだけに生きてきたという自負があります。孤児としてタケダに拾われ、途中から弟子となったケイシーに対し、単なる嫉妬心を超えた激しい憎悪を抱いていたのです。

一方、いずれは宗家を継ぐことになるタケダの娘・ナミコ（肘井美佳）とケイシーは、プラトニックながら互いに好意を寄せる間柄。タケダはそんなふたりを好ましく見守ります。

そんなある日、タケダはケイシーとマサヅカに木刀による組稽古をさせます。

ところが、ケイシーと向き合ううち、怒りの感情をコントロールできなくなったマサヅカは、あろうことか真剣を抜き、危うくケイシーを殺しかけてしまうのです。

この一件でタケダから破門を言い渡されてしまったマサヅカは道場を去るしかありませんでした。掟破りの行動をとったとはいえ、ケイシーとナミコにとってマサヅカは幼いころから共に稽古に励んできた仲間です。彼の今後の身の上を考えると、ふたりは複雑な思いを抱かざるを得ません。

実際その後、マサヅカは人知れず悪の道に堕ちていくのですが……。

時は過ぎ、タケダの道場。

海外からの来賓を前に、甲賀に伝わる伝統品「鎧櫃（よろいびつ）」を披露しようとしているタケダ。鎧櫃は数千年もの間、甲賀の宗家で継承されてきたいわば宝物です。中に収められているのは秘伝の忍具一式。手にした者は超人的な力を得て、まるで鬼神のように無敵の存在になると言います。

タケダはナミコに継承するため、鎧櫃を開陳しようとするのですが、そこにすっかり様変わりしたマサヅカが姿を現すのです。

以前とはまるで別人のような彼の様子にケイシーもナミコも、そしてもちろんタケダも愕然とします。マサヅカは破門されたのち、忍術を武器に暗殺者として暗躍していたのでした。鎧櫃を継承するのは自分しかいない、と宣言するマサヅカ。

その場はなんとか事なきを得るも、すでに狂気の淵に立っているマサヅカは、遅かれ早かれ鎧櫃を奪いに来るに違いありません。

タケダはニューヨークに住む旧友で大学教授のギャリソンに鎧櫃を預けることにします。鎧櫃とともにニューヨークへと飛ぶケイシーとナミコ。ギャリソン教授と合流した彼らは大学の厳重な保管庫に鎧櫃を隠します。

一方そのころ、日本ではタケダの読みが当たり、マサヅカが道場を急襲。弟子を次々と殺害したのち、鎧櫃の在処を決して口にしようとしないタケダの首をも切り落とすのです。

鎧櫃を手に入れるべく、ニューヨークへ向かうマサヅカ。同時にマサヅカの指示で動きはじめた暗殺部隊がギャリソン教授を殺害。

ケイシーとナミコは教授殺害の容疑者にされてしまい、警察からも追われるハメに。孤立無援のなか、次々と襲い来るマサヅカとその刺客らに立ち向かうべくケイシーとナミコは立ち上がります。

『NINJA』は全編を通じて生身の肉体を駆使した怒濤のようなアクションが展開する快作です。キャスト自身の、そしてスタントマンたちの力量が遺憾なく発揮され、実に見応えがあります。

しかし、それだけではありません。この映画でまず驚かされるのは前半30分がほぼ日本語で展開することです。前半は日本が舞台なんだから当然でしょ？　と思われる方もいるかもしれませんが、この作品がアメリカ製のエクスプロイテーション映画であることを考慮すれば、極めて異例なアプローチと言えます。

エクスプロイテーション映画というのは、芸術性よりも金銭的利益に主眼を置いた、いわゆるB級映画と呼ばれる類いの作品を指します（厳密に言えば、本来の「B級映画」とは意味合いが異なるのですが、現在、世間で広く認知されている「Ｂ級映画」に近いニュアンスとして解釈してください）。

エクスプロイテーション映画は安価な制作費の下、急ごしらえで作られることが多く、言葉は悪いですが、想定される観客の知的レベルも決して高くはありません。実際、１９７０～80年代のアメリカでは、低学歴層や移民などに向けたエクスプロイテーション映画が大量に作られ、都市部の繁華街の映画館やドライブインシアターでひっきりなしに上映されていました（クエンティン・タランティーノがこよなく愛する「グラインドハウス映画」と呼ばれる作品群もこの領域に入ります）。

いずれにせよ、そういった（言葉は悪いですが）知的レベルの低い客層をメインターゲットに据えている以上、後半部への伏線や情報が大量に登場する前半30分を「英語字幕」で展開させるのはリスクが高く、通常は避けたがるものです。

仮に日本語で撮影したとしても台詞を英語に吹き替えるか、劇中では日本語で会話していることになってはいても俳優たちは英語で会話をする、というのが常套です。

でも、そうはしていない。この点にまず本作の独自性があります。


さらにもうひとつ驚いたのは、日本人の役は実際に日本人が演じているという点です。おかしな日本語が出てくることも、おかしな日本人が出てくることもありません。

これも「そんなの当たり前じゃん」と思われるかもしれませんが、エクスプロイテーション映画としては、やはり異例です。通常、日本人役には「カタコトの日本語を話すアジア人俳優」がキャスティングされるケースがほとんどで、着物の衿合わせが左前だったり、やたらとペコペコお辞儀をしたりするのは残念ながらごくごく当たり前のことなのです（あれはあれで「独特の味わい」があったりもするのですが。笑）。

この辺りの生真面目さは、監督のアイザック・フロレンティーンが極度の親日家だからかもしれません。フロレンティーンはイスラエル出身の映画監督ですが、元々は空手家でテルアビブに自身の道場も持っています。当然、日本文化への造詣も深く、何より日本人の登場人物に対して深い敬意をもって演出していることが本作を観ているとよく分かります。

そのため、多少おかしなところはあるものの、ほとんど気になりません。

そんな監督の姿勢に応えるように、俳優陣はかなり健闘しています

タケダを演じた伊川東吾さんは、日本人として初めてロイヤル・シェークスピア・カンパニーの正式劇団員になった俳優で、主にイギリスを拠点に活動。ハリウッド作品にも多く出演しています。

マサヅカを演じているのは日本でも有名な伊原剛志さんですが、元々は千葉真一さん率いるアクション集団JAC出身ということもあり、本作では華麗なアクションを披露しています。

ナミコを演じているのは肘井美佳さん。日本ではNHKの英会話番組でおなじみですね。英語が堪能なのに加えて、日本武術太極拳選手権大会で女性としては全国1位になった経歴もあり、伊原さん同様、激しいアクションにも挑戦しています。

そして、主人公ケイシーを演じているのはスコット・アドキンス。元々はスタントマン出身のイギリ

ス人俳優です。フロレンティーン監督とのコンビ作は数多く、本作の前に撮られた『デッドロックII』（こちらも日本では劇場未公開）の主演で頭角を現しました。

イスラエルの格闘技クラヴ・マガや中国拳法にも精通している彼は、本作でも華麗で激しいアクションを披露しています。

なかでも中盤で展開する「地下鉄車両内での大乱闘シーン」は見応え充分。肘井美佳さんと共に、狭い空間を活かした難しい殺陣で観る者を圧倒します。

この辺りは本作の殺陣師でもある野口彰宏さんの腕が光っています。野口さんはアクション監督や殺陣師として世界中の映画で活躍されている日本人です。フロレンティーン監督とは『パワー・レンジャー』シリーズで共に仕事をしているようなので、その流れもあっての起用かもしれませんね。

さて、この作品。俳優やスタントマンのアクションが素晴らしいのはもちろんですが、内容的にも興味深い点が多々あります。

なかでもぼくが着目したのは敵対者であるマサヅカの行動原理です。

彼の外的なモチベーションは「鎧櫃が欲しい、宗家を継ぎたい」という「所有欲や権力願望」なわけですが、それはあくまで表向きのもの。実際に彼を突き動かしている内的なモチベーションは、一貫してカインコンプレックスです。

カインコンプレックスはユングが提唱した精神分析の概念ですが、ベースになっているのは旧約聖書の『創世記』偽典「ヨベル書」に登場する兄弟カインとアベルの物語です。

カインとアベルは、アダムとイヴが「禁断の果実」を口にしたことで最終的にエデンの園を追放されたそのあとで生まれた彼らの子供です。

成長したカインとアベルは、それぞれ農耕と羊の放牧に精を出します。

ある日、ふたりは古代イスラエルの唯一神ヤハウェ（＝エホバ）にそれぞれ収穫物を奉納しますが、ヤハウェはアベルの供え物にのみ目を留め、カインの供え物を無視します。嫉妬に駆られたカインは野原にアベルを誘い、殺害。ヤハウェにアベルの行方を尋ねられたカインは「知りません。私は弟の監視者なのですか？」と逆に尋ねたと言います（これが人間が初めてついた嘘、だとされています）。

やがて、大地に流されたアベルの血がヤハウェに真実を伝えるに至り、カインはエデンの東にある「ノドの地」に追放されるのです。

非常に大ざっぱなまとめではありますが、これが「カインとアベル」の物語です。

ここで描かれているカインの嫉妬心をベースに、兄弟や姉妹に対して生まれる普遍的な劣情や怒りの感情を「カインコンプレックス」と呼びます。

カインコンプレックスをモチーフにした映画としては、ジェームズ・ディーンの『エデンの東』が有名ですが、ジョージ・ルーカスの『スター・ウォーズ新3部作』でも、若き日のダース・ベイダー（＝アナキン・スカイウォーカー）とオビ＝ワン・ケノービとの関係性にカインコンプレックスの影響が見てとれます。

本編中では、ケイシーとナミコがニューヨークに渡ったのち、道場を襲ったマサヅカがタケダを殺害するくだりで、明確なカインコンプレックスが描かれています。

猛毒の吹き矢でタケダの首を突いたマサヅカが、瀕死のタケダから鎧櫃の在処を聞き出そうとする場面です。

以下、タケダとマサヅカの台詞（日本語で交わされます）を採録します。

小瓶を手に瀕死のタケダに近づくマサヅカ。

マサヅカ「解毒剤はこれしかない。もうすぐ毒が心臓に達する」

タケダ「（苦しげに）……」

マサヅカ「鎧櫃を俺に渡せ」

タケダ「（苦しげに）私が誤っていた。お前のようなヤツを作ってしまった……」

タケダは鎧櫃の在処を言わないばかりか、解毒剤を欲しようともしない。

マサヅカ「なぜなんだ」

タケダ「（苦しげに）不動心。……動じない心。お前は習得することができなかった」

マサヅカ「俺を認めてくれよ。認めてくれよ！」

タケダ「（それには応えず）私は死ぬ。お前に分かってもらうために……」

マサヅカは苦悶の表情を浮かべながら、タケダの首をはねる。

以上です。

おそらく、このシーンは英語で書かれた脚本の台詞を俳優たちが自ら日本語として探り直して演じたものと思われます（母国語以外の言語で撮影される映画では、そういうことはよくあります）。

その分いささか翻訳調（特にタケダの台詞）といいますか、一般的に日本人の脚本家が書く日本語の台詞とは若干ニュアンスが異なり、わずかに統一感がないようにも思えますが、いずれにせよ伊原剛志さんの芝居が真に迫っていて、観る者の胸を打ちます。

実際、「認めてくれよ！」という台詞はややストレートすぎて、日本人の脚本家にはなかなか書けない台詞です。しかし、ここでマサヅカが愚直なまでに「承認欲求」を訴えかけるのは、師であり育ての父でもあるタケダとの「ふたりだけのシーンだからこそ」の説得力があり、マサヅカの内面を相対化させたとても良いシーンに仕上がっています。

一方で、マサヅカとは対照的にタケダやナミコの愛を浴びて育った主人公のケイシー。彼の精神は実に健全ですが、無邪気さ故の残酷さを孕んでいます。その点も描いているのが本作の誠実なところです。

クライマックスで、ケイシーはマサヅカとの一騎打ちを避けられなくなるわけですが、その際、マサヅカが喉から手が出るほど欲しがっていた鎧櫃を開け、大切に保管されていた秘伝の忍具をアッサリと身に纏い、悠然と立ちはだかるのです。

この微塵も悪意のないケイシーの配慮のなさが、それ故マサヅカの敗北を決定づけます。一見するとこの映画は、マサヅカの心理描写に重きが置かれ、ケイシーの内面にはあまり肉薄していないようにも見えます。

しかし、落ち着いてじっくり鑑賞していくと、カインコンプレックスに端を発した「天才と凡人」の埋まらない溝としてケイシーが描写されていることに気がつくのです。

何のてらいもなく忍具を身に着けてしまうケイシーを観ていて、ぼくは小山ゆうの傑作漫画『がんばれ元気』の主人公、堀口元気を思い出しました。彼は健全の極みのような爽やかな男です。

しかし、たったひとつのことだけを信じている天才（彼の場合は父を殺害したボクサー・関拳児を倒すことでした）というのは、それ故に無神経な振る舞いをするもので、周囲に存在する多くの凡人を巻き込み、意図せず不幸に陥れるものです。

『アマデウス』でのモーツァルトとサリエリしかり、『ピンポン』でのペコとスマイルしかり、また最近では『アナと雪の女王』での無邪気さ故に姉を苦しめる次女アナと、秘めたる苦悩を背負ったまま物語を終えざるをえなかった姉・エルサしかり……。

そんな本作の脚本を担当したのは、プロデューサーも兼任しているボアズ・デヴィッドソンとマイケル・ハーストの両名です。

デヴィッドソンは、１９７０年代後半に日本でも大ヒットを記録したイスラエル製の青春映画『グローイング・アップ』シリーズの監督をしていた人物としても有名です。同シリーズの世界的なヒットを受けてアメリカに進出、同じくイスラエル出身のプロデューサー、ヨーラン・グローバスとメナハム・ゴーランの下で数多くのジャンル映画の監督や脚本、プロデュースを続けてきました。

また、グローバス&ゴーランが立ち上げた映画会社キャノン・フィルムズの稼ぎ頭だった人物でもあり、同社が倒産したあとは、制作補としてともに活躍していたアヴィ・ラーナーが興した独立系映画会社ヌー・イメージに参加。プロデュース業を中心に活躍しています（ちなみに本作『NINJA』もヌー・イメージの作品です）。

一方、本作のリライター兼共同脚本家のマイケル・ハーストは、主にジャンル映画畑の脚本家として活躍してきた人物です。ボアズ・デヴィッドソンの下、ヌー・イメージで脚本を担当した『キラー・モスキート／吸血蚊人間』はなかなかの良作で、テレビ映画という制約の中では大健闘していました。人気ホラーシリーズの第4作にあたる『パンプキン・ヘッド／禁断の血婚』等の監督作もあります。

ハーストは個人的にはもう少し評価されてもいい脚本家だと思いますが、ぼくの知る限り日本のマスコミや映画評論家が彼を取り上げたことは、残念ながら一度もありません。

今回ふたりが担当した脚本の見所は、マサヅカのカインコンプレックスだけでなく、ジャンルの秩序を重視した「構成」にもあります。

特に興味深いのは中盤。先に取り上げた地下鉄でのバトルシークエンスが終了する流れで、駅に到着した刹那、降車したケイシーとナミコが警官隊に包囲されてしまうというくだりがあります。その後、ふたりは警察に拘束され、個別の取調室で事情聴取を受けます。ケイシーは必死にマサヅカの危険性を訴えますが、警察は証拠を発見できず一向に信用しようとしません。そんな矢先、警察署のブレーカーが落ち、警官たちは右往左往します。ケイシーはマサヅカの仕業だと見抜きますが、時すでに遅し。警官たちは次から次へとマサヅカに惨殺され、ほぼ壊滅してしまうのです。

その流れ、どこかで見たことがあるぞ、と感じた方も多いかもしれません。

ジェームズ・キャメロンの出世作『ターミネーター』の第1作での「トンネルでのカーチェイス」から「警官隊の包囲」に遭い、「警察署での拘束」を受けて「ターミネーター襲来により警官隊全滅」という流れとよく似ています。意図的に踏襲したものと見て、まず間違いないでしょう。

しかし、単なるパクリと片付けるにはあまりにもったいない、実に的確な引用だとぼくは思います。本作は後半で独自の展開に突入するということもあり、『ターミネーター』からの引用は、物語の「折り返し地点」として効果的に機能しているためです。

いま挙げたくだりに限らず『NINJA』の脚本は（とりわけ構成そのものに関しては）、アクション映画特有の見せ場に依存することなく、ベースとして「スリラーの軌道」を巧みに流用したものになっています。観客の認知能力を最大限引き出すためのシチュエーションの組み方、また興味の持続を狙った「シーンのブリッジ」など、全体的に多少の既視感はありますが、実に丁寧に組まれています。

ネット上で本作のレビューを検索すると、アクションシーンの描写を褒める人は多いものの、ストーリーに関しては「チープ」とか「見るべきところがない」といった評価が多いようです。

正直に言って、その手の解釈はあまりにも表層的すぎるのではないか、と感じます。

どうも混同されることが多いようですが、ストーリーと構成の関係性は元来イコールではなく、むしろまったく別のものです。

ここはスクリプトドクターという立場もあって、あえて言い切りますが、『NINJA』の構成は「純粋な構成術」という意味では、かなり優れた部類に入ります（まぁ、でも、ニンジャという題材の奇抜さやストーリーラインに引っぱられる人が多いので、なかなか理解はされにくいのでしょうね……）。

こういった「ストーリーの内容そのものとは関係のない純粋な意味での構成自体の才能」というのは、残念ながら映画ファンや映画評論家から着目される機会が極めて少なく、実際評価されることがほとんどない技術です。

しかし、この映画の脚本家陣の功績が「チープ」とか「見るべき点がない」といった一言で片付けられてしまうのは、さすがに気の毒な気がしますね……。


ちなみに本作はアメリカ映画ではありますが、撮影自体は全編ブルガリアで行われています。日本のシーンもニューヨークのシーンもいくつかの実景ショットを除けば、すべてブルガリアロケです。

この辺りについては、肘井美佳さんの公式ブログ『りんご☆ライフ』に、かなり詳しい当時の撮影日誌が掲載されているので、興味がおありの方はアクセスしてみてはいかがでしょうか（２００８年の「ハリウッド撮影日誌」のコーナーです）。

いわゆるエクスプロイテーション映画とはいえ、そこはやはりアメリカ映画。肘井さんのブログを読むと撮影規模の大きさやスケジュールのゆとり感（大手スタジオの映画に比べれば格段に過密だったとはいえ、それでも50日以上はあった模様。一般的な〈それなりに潤沢な日本映画〉の場合、予備日込みでひと月未満で撮影されるのが通常のスケジュール感であることを考えると、倍近くもあることになります）、またケイタリングによる食事の充実ぶり、そして肘井美佳さんにも当然のように専用のトレーラーハウスが用意されている事実（俳優の心身のコンディションへの配慮が日本よりも格段に優れている）等々、日本国内の映像業界に携わる者としてはやや複雑な思いにも駆られますが、とても興味深い内容です。

というわけで、80年代にニンジャ映画ブームを牽引したキャノン・フィルムズの遺伝子をまともに受け継いだ作品と言っても過言ではない今回の『NINJA』。

日本で劇場公開されなかったのは残念ですが、DVDのみとはいえリリースされたこと自体はとても喜ばしいと思います。機会がありましたら是非ともレンタルしてみてください。

ちなみに、この映画には『ニンジャ・アベンジャーズ』という正式な続編が存在します。こちらは（というか、どういうわけかこちらだけ）日本でも劇場公開され、すでにDVDやブルーレイもリリースされています。

舞台は前作から数年後の日本。冒頭、すでに夫婦となったケイシーとナミコの描写が微笑ましくて素敵です。とりわけ妊娠しているナミコが、深夜お腹が空いてしまいなかなか寝付けず、ケイシーを起こすくだり。遠慮がちに、でもハッキリと「ブラックサンダーチョコが食べたい」と懇願するナミコが妙にリアルでほのぼのします。

「ごめんね」「いや、大丈夫大丈夫」と夜中にいそいそと出かけていくケイシー。

ところが、いざコンビニに着くと、あいにくブラックサンダーは売り切れ。仕方がないので「ロッテのガーナチョコレート」をレジに持っていくケイシーがこれまたリアルです。そんな細かくも不思議な日本描写にニコニコしていると、突然の悲劇がケイシーを襲います。

こうして第1作とはまた違ったテイストで物語が動きだす続編『ニンジャ・アベンジャーズ』は、その後舞台をタイに移し、前作に勝るとも劣らぬ激しいアクションが展開します。次から次へと襲い来る刺客に立ち向かうスコット・アドキンスの肉弾戦は、今回もキレッキレです。なかでもケイン・コスギ氏との格闘シーンは迫力満点！

かつてのキャノン製ニンジャ映画の主演が彼の父親であるショー・コスギ氏だったことを考えると、実に感慨深いものがあります。

一方で、ラストは予想外に儚く美しく、そしてあまりに切実で驚きます。

監督は引き続き、アイザック・フロレンティーン。続編もアナログ手法にこだわって撮影されていますが、実は最後の最後になって印象的なデジタルエフェクトが登場します。

ところが、そういった映像の最新技術をフロレンティーンはアクションの見せ場にではなく、登場人物の心情描写として使うのです。この辺り、シリーズを「ケイシーとナミコの物語」として完結させようとする真摯な姿勢が窺え、実に興味深いところです。

第1作と併せて、ご覧になってみてはいかがでしょうか。

それでは、また次回お会いしましょう。

※（ところで、第1回の場で記述しましたが、本コラムでは「2010年以降に制作された作品のみを選出する」という規定がありました。『NINJA』は2008年にブルガリアで撮影され、翌2009年にアメリカで公開された作品ですので、本来であれば割愛すべきだとは思います。ただ、どうしても紹介させていただきたかったので、日本国内でのビデオリリースが2011年の11月であることを理由に取り上げることにしました。その点、何卒ご容赦ください）。

06

いじめの構造をフェイクドキュメンタリースタイルで描いた意欲作

『ガール・ライク・ハー』
A Girl Like Her
2015年　アメリカ　91分
監督：エイミー・S・ウェバー
脚本：エイミー・S・ウェバー
キャスト：レクシー・エインスワース／ヘイリー・キング／ジミー・ベネット／トッド・ジェンセン／リンダ・ボストン　ほか

今回取り上げる作品は『ガール・ライク・ハー』という低予算のアメリカ映画です。表題の通り、いじめを題材にしたフェイクドキュメンタリーなのですが、これがなかなかの（というか、かなりの）力作でした。本当に劇場未公開にしておくのがもったいない一本です。

よし、ならば早速観てみよう！　と思った方。ちょっとお待ちください！

実を言うと『ガール・ライク・ハー』は日本ではソフト化されていません。レンタルビデオ屋さんに行っても残念ながらＤＶＤは置いていないのです。

本作はストリーミング配信の「Netflix」でのみ鑑賞可能な劇場未公開作品です。この点については後ほど詳しく触れることにして、まずはあらすじをご紹介します。

アメリカの田舎町にある公立高校サウス・ブルックデイルは、ある日、国家教育委員会から「良質な高校」として全米10位に選出されます。公立高校でのランキング入りは唯一ということもあり、ドキュメンタリーの映画製作チームによる紹介番組の制作が決定。チームは早速、同校への取材を開始します。

豊かな自然に囲まれ、就学環境は抜群。教員と生徒たちのコミュニケーションもよく取れており、学内は健やかなムードに包まれています。さすがは全国10位に選ばれただけのことはあります。

ところが、チームが取材を重ねるうち、最近「ある事件」が学内を賑わせていることが分かってきます。

2年生の女子生徒ジェシカ・バーンズが自殺を図ったのです。

鎮痛剤を大量摂取したジェシカは、自宅で倒れているところを母親に発見されました。すぐに緊急救命室に搬送されたものの、一時的に脳への酸素供給が停止、低酸素症に陥ったジェシカは未だ意識不明の状態が続いており、生死の境を彷徨っています。

ドキュメンタリーチームはジェシカの父・ジェラルドや母・マーガレット、また妹のガブリエルにも取材を行いますが、彼らは一様に悲嘆に暮れ、「ジェシカが自殺未遂を起こした原因が分からない」と首をひねるばかりです。

チームは取材の観点を切り替え、ジェシカの自殺未遂事件を追いはじめます。生徒や教員らへのインタビューを重ねるうち、徐々に見えてきたのはジェシカ・バーンズという人物像の輪郭です。

どうやら学内でのジェシカは比較的「地味」な存在で、いわゆるスクールカーストの上位に入る人物ではなかったようです。とはいえ、ジェシカの悪口を言う人間はひとりもいません。教師、生徒らともに「ジェシカ＝誰にでも優しく接する真面目な良い子」という共通認識を持っています。

ならば何故ジェシカは自殺を図らなければならなかったのか？


やがてドキュメンタリーチームは、生徒のひとりから、ある証言を得ます。

「エイブリーのせいよ。彼女がジェシカを追いつめたんだわ」


エイブリー・ケラーは美人で明るい学校一の人気者です。

人一倍お洒落に敏感で、常に最新ファッションに身を包んでいる彼女は、いつも複数の仲間を引き連れて学内を闊歩しています。その様は田舎町の女子高生というより、さながらハリウッドスターのようです。

スクールカーストの最上位に位置するエイブリーと、そうではないジェシカ。

まるで接点のなさそうなふたりの間に、いったい何があったのでしょうか？


ドキュメンタリーチームは「人気者ならではの生活を撮影してほしい」という口実で、エイブリーにハンディカメラを一台提供します。

「リアリティ番組に出演するような軽いノリ」で撮影を引き受けるエイブリー。

早速、仲間らとの楽しげな日々を撮りはじめた彼女は、やがて自宅での家族の姿や、自室で過ごす〈ひとりの時間〉にもカメラを回しはじめます。

次第にエイブリーのカメラは、これまで誰にも見せたことのない、彼女自身の孤独な表情を浮き彫りにしていきます……。

一方、ひとりの男子生徒がドキュメンタリーチームに接触してきます。ジェシカにとって唯一の友人だったブライアン・スレイターです。

ブライアンは、いわゆる「ナード（＝おたく）」と呼ばれるタイプの男の子。スクールカーストで最下層に位置する彼は、一眼レフカメラでの動画撮影が趣味で、いつも校内で様々なものを撮影しています。

「見せたいものがあるんだ」

深刻な面持ちでそう言うと、ブライアンはドキュメンタリーチームを自宅へと招きます。そこには謎の撮影データが大量に残されていました。

「これは何の映像なの？」ドキュメンタリーチームの女性ディレクターが尋ねると、ブライアンは重い口を開きます。

今から半年前のこと。突如始まったエイブリーからの執拗ないじめに、ジェシカは苦しめられていました。そんなジェシカを救うため、ブライアンはブローチ型の超小型隠しカメラを作製し、彼女の胸元に装着。ジェシカの視点から見た「いじめの実態」をすべて撮影したと言います。

そして、再生される保存データ。そこにはジェシカが自殺を図るに至る地獄のような日々が記録されていたのです……。

いじめを題材にした映画は昔から数多く作られていて、決して珍しいものではありません。

また、被害者が苦痛に耐えきれず自殺を図る、という展開も（言葉は悪いですが）ありがちなものです。

しかし、この映画が数多の「いじめ映画」と一線を画しているのは、被害者の視点ではなく、加害者の視点を徹底的に掘り下げてゆく点にあります。

被害者の視点にのみ着目することで「悲劇的な物語」を構築することは、実は簡単です。しかし、そうすることで観客の、ともすれば無責任で安易な同情感覚に訴えかけることにもなりかねず、「いじめの構造」そのものを浮き彫りにすることは難しくなります。被害者の視点のみで描いた場合、観客は映画を観ている最中は被害者に同情し「いじめられて可哀想」という感情を抱くかもしれませんが、大抵の場合、映画を見終わると、いじめについて考える時間を持たなくなります。おそらくは、映画特有の〈同情による共感作用〉のおかげで「自分のことのようには感じられなくなり」他人事としてすぐに忘れてしまうからでしょう。

『ガール・ライク・ハー』が「いじめ」という題材に対して、フェアかつ慎重な姿勢を貫くことができているのは、フェイクドキュメンタリースタイルを活かしたうえでの、独自の作劇にあります。

今作は終始、「現在と過去」を描写する、以下の４つの視点をもって展開するのです。

①ブライアンの一眼レフで記録された「彼の目が届く範囲での」ジェシカの様子（過去）。
②ブライアンから手渡されたブローチ型の超小型カメラで撮影された「ブライアンの目が届かない状況下にいる」ジェシカの視点から見た世界（過去）。
③ジェシカの自殺未遂後に起きる、学内でのエイブリーやブライアン、病院や自宅で過ごすジェシカの家族の様子など、ドキュメンタリーチームが撮影した客観視点（現在）。
④ドキュメンタリーチームから手渡されたハンディカメラで、エイブリー自身が記録したエイブリーだけの世界（現在）。

以上の4つの視点は時間軸に囚われず、複眼的に編集されています。

そのことで観客は、直列的なプロットの展開から生まれがちな「安易な共感」から解放され、普遍的な「いじめの構造」について実感を抱きやすくなるのです。


ほかにも、本作には作劇上の工夫が多く見られます。個人的に最も感心したのは「いじめの原因」と「カメラ目線の芝居」の扱い方です。

ドキュメンタリーチームが取材を進めるうち、エイブリーとジェシカは「中学時代は親友だったものの、ある時からエイブリーが距離を置き、ジェシカと疎遠になっていったこと」が判明します。その「ある時」の出来事こそが「いじめの原因」です。

作劇の構造上、原因は伝聞という形でのみ観客に提示されます。これは本作が通常の劇映画スタイルではないため、「いじめが発生するに至った原因の場面」を撮影することができないからです。伝聞によって見えてくる「原因」のエピソードは、中学時代のテスト中にエイブリーが隣席のジェシカのテスト用紙を見てカンニングをしようとしたらジェシカが肘で隠した、というもの。

エイブリーはかたくなに「ジェシカが隠した」と弁明しますが、実際にはどうだったのかは分からずじまいです。ドキュメンタリーチームが取材を開始したときには、すでにジェシカは意識不明になっているためジェシカに取材することができないからです。この点も実にフェアです。

そもそも「テスト用紙を覗き込もうとしたら肘で隠された」という出来事は、端から見ると、「他愛ないこと」のようにも感じられます。

しかし、ここで重要なのは「ジェシカが本当に隠したか否か」ではなく、「ジェシカに隠されたと感じ、大きなショックを受けた」エイブリーの感情自体は「事実である」という点です。

元来、人間の記憶というものは出来事を正確に認識することができません。

何らかの出来事が発生した際、ひとはその出来事を、その場でわき起こった自らの情動とともに記憶するからです。そしてその記憶は、当人が思い出すたびに情動とセットで強化されていきます。

例えば、恐ろしい（と感じる）経験をしたひとは、その経験を思い出すたび「恐ろしいと感じる気持ち（=情動）」を繰り返し抱くため、必然的に「経験そのもの」が「実際の経験（=出来事）」以上に「恐ろしい記憶（=出来事）」として認識されてしまうのです。

初恋の相手に、年老いてから再会すると大抵ガッカリしてしまう、というのも実は同じメカニズムです。この感覚は、初恋という情動が相手の容姿への認識を不正確かつ、過度に美化されたものにしてしまうために発生します。

劇中、ドキュメンタリーチームの取材に応えた生徒のひとりがこんなことを口にします。

「エイブリーはみんなが羨むような〈すべて〉を手に入れているのに、どうしてジェシカを赦すことができないんだろう」

さりげなく挿入されていますが、実に鋭い台詞です。他人からはそう見えても、エイブリー自身が〈すべて〉を手に入れたと「感じているかどうか」は別の話だからです。

一方、過去の時制の、ブライアンが一眼レフで撮影した映像のなかで、ジェシカがぽつりと呟く台詞があります。

「どうしてエイブリーがこんなひどいことをするのか分からない。私には原因に思い当たるフシがないのよ……」

これは、先のエイブリーの伝聞と対になるとても重要な台詞です。実際、テスト用紙を肘で隠したという事実はないのかもしれませんし、仮にそれが実際にあったことだとしても、ジェシカにとっては「それがいじめの原因になるほど重要なこと」だとは認識できていないのです。

その当時、エイブリーが「ジェシカに抱いた情動」を素直に伝えることができていなかった以上、元々ふたりの間には深い部分でのコミュニケーションが不足していた可能性があります。

また、見方を変えれば、テストの一件はエイブリー自身のジェシカへのコンプレックスが呼び覚まされた瞬間だった可能性もあります。どんなにお洒落をしても、どんなに社交性を磨いても、エイブリーは〈ジェシカが生来の心根として持っている美しさ〉を手に入れることはできない。少なくともエイブリーはそう「感じている」。

この点について立ち止まり、深く思考することができないエイブリーの若さが哀れでなりません。もちろん、だからといって、いじめを正当化する理由にはなりませんし、自殺を図るまで追い込まれたジェシカには何の落ち度もないのは事実です。そんなふたりに対して、ただただもどかしいという感情を観客に抱かせる。このアプローチこそが本作の正義であり、重要な独自性だと思います。いずれにせよ、「いじめ映画」のなかで「いじめの原因」をここまでフェアに扱った例をぼくは知りません。

もうひとつの特徴として、先ほども申し上げた通り、「カメラ目線の芝居」のうまさがあります。なかでも、ブライアンから譲り受けたブローチ型の隠しカメラを身につけたジェシカによって撮影された一連のいじめの場面。カメラが胸元に付けられている以上、観客は傷つけられているジェシカの姿を見ることはできず、ジェシカ（＝カメラ）を執拗に罵倒し傷つけるエイブリーの姿を見ることになります。これは本来であれば、作劇上かなりのリスクを伴う手法です。

映画は元来、同情のメディアだと言われています。

第3回の『妹の体温』の際にも触れましたが、俳優が役柄の心と同化してさえいれば、人物の心は画面に映ります。俳優の感情表現を目の当たりにすることで、観客は「登場人物に対し、同情的に感情移入」します。ここが主観的な感情を描写できる小説と、客観的にしか内面を描くことのできない映画との決定的な違いです。

一連のいじめの場面で、実際の撮影現場ではジェシカ役の女優は相当傷ついた表情を浮かべていたはずですが、カメラが彼女の胸元に付けられたブローチである以上、主観ショット的にならざるを得ず、傷ついているジェシカの様子は画面には映りません。

つまり、被害者であるジェシカへの同情心は、観客の胸中にはあまり発生しないのです。むしろ、カメラ目線に近いエイブリー役の女優の芝居に対し、観客は恐怖し、苛立ち、悲しみを覚えていく。物語のプロット上は主人公としてのジェシカの視点からスタートし、徐々に敵対者としてのエイブリーを掘り下げてゆくという流れであるにもかかわらず、映像表現的には終始エイブリーが映し出され、その様を捉えざるを得ないわけです。こういったアプローチを選択した時点で、本作のドラマの肝は、被害者のではなく、加害者の変化・成長を追う工程からは絶対に逃れられなくなります。

しかし、この点も「いじめ」という題材を扱ううえでは、実にフェアな姿勢だと言えるでしょう。

ところで、いじめはどうすれば防ぐことができるのか、という議論は昔から頻繁に交わされてきました。

もし仮に加害者が、相手の視点（被害者の視点）に立つことができたとしたら、未然に防げるのでしょうか？　相手の気持ち（被害者の気持ち）を心の底から理解できたり、同調することが可能になれば、またその方法が実際にあるとしたら、どうなるのでしょうか？

この映画は後半、いよいよその領域に踏み込みます。

いじめの事実を断固として認めようとしないエイブリーに対し、ドキュメンタリーチームは「ブローチ型隠しカメラ」による「半年間の記録」の存在を伝えるのです。

逃げ場を失ったエイブリーは動画を観ることを決意、いよいよ「いじめの瞬間」と向き合います。

ここで興味深いのは、先ほども申し上げた通り、ブライアンがジェシカに提供したブローチ型カメラは、常にジェシカの襟元に取り付けられているため、いじめられているジェシカの姿は映されていない、という点です。

つまり、カメラが捉えた「いじめの瞬間の数々」には、いじめているエイブリーの姿のみが映っているのです。

だからこそ観客は、いじめられているジェシカへの安易な同情心ではなく、エイブリーに対する恐怖心や不快感として「いじめの構造」を認識してきました。

必然的に、エイブリーが目の当たりにする映像もまた、被害者であるジェシカの姿ではなく、加害者である自分自身の姿になります。

このことが作劇上どういう効果を生むのかは、実際にこの映画をご覧になっていただくほうが良いと思うので、ここでは触れないようにします。

通常の倫理観でいけば、加害者を反省させたり、改心させたりしようとした場合、被害者が苦しんでいる姿を見せる方法を選択しがちです。ところが、本作では「被害者が苦しんでいる瞬間」が主観ショットで捉えられているために、そもそもその選択肢は存在しないわけです。

むしろ、動画を観ると決意した段階でのエイブリーは、自らの「いじめという行為」に対して反省の心を持ち得ていないため、もし仮に被害者が苦しんでいる姿を見せることが可能だったとしても、火に油を注ぐようなことにしかならず、むしろ悪意を増長させてしまう危険性があります（ブローチ型隠しカメラの映像には直接映っていないため、多くの観客が意識しないかもしれませんが、実際のいじめの瞬間に、エイブリーは「苦しんでいるジェシカの姿」を繰り返し何度も見てきたはずです。それでも平気だったり、むしろ悪意を助長させてきたからこそエイブリーはいじめをやめることができなかったわけです）。

いずれにせよ、この映画の場合、「被害者のいじめの記録映像＝加害者のカメラ目線の芝居が捉えられている」という作りにしたことが、クライマックスに最大限の効果を発揮します。そして、加害者であるエイブリーをナルシストに設定したアイデアにも相乗効果が発生するように組まれています。この点は実に見事というほかありません。

また、ネタバレになるので詳しくは言えませんが、この映画には、たった一度だけ、絶対にカメラが入り込めるはずもない位置から撮られた映像が登場します。

これはフェイクドキュメンタリー方式のルール上も、また一般常識の倫理上も絶対にその位置にカメラを置くことは叶わないというポジションなのですが、その際、エイブリーのカメラ目線から一転、今度はジェシカ役の女優が重要なカメラ目線の芝居を見せることになり、実に効果的です。

本作の狙いが「観客への問いかけ」にあることが明確化される瞬間でもあり、大変見応えがあります。是非、直接ご覧になって確認してみてください。

さて、冒頭で申し上げた通り、『ガール・ライク・ハー』は日本ではソフト化されていませんが、「Netflix」で観ることができます（2017年2月現在）。

近年、こういったネット配信型のリリースが増えてきました。登録手続きもシンプルで値段も安く、いつでもどこでも何度でも映画を観ることができるのは、配信システムの大きな魅力です。各社とも、メジャーなタイトルがラインナップの前面に躍り出てしまう傾向はありますが、今回の作品のように劇場未公開作品の良作も多数確保されています。

とりわけ「Netflix」は、オリジナルコンテンツの制作にかなり力を注いでいます。長編映画に限らず、連続ドラマ、ドキュメンタリー作品など、ソフト化されていない作品も大量に存在するようです（あまりに多すぎてチェックしきれていないのですが。笑）。

いずれにせよ、ネット配信システムは、劇場未公開映画の愉しみ方として一歩先をリードする存在なのは間違いありません。

興味がおありの方は、一度アクセスしてみてはいかがでしょうか。

では、また次回お会いしましょう。

07 精神感応をモチーフにした異色ラブストーリー

恋愛映画には大きく分けてふたつのタイプがあります。カップルの出会いから蜜月期までを扱うものと、交際から一定期間を経たカップルに訪れる倦怠期を扱うものです。

前者は観客に「自分も恋がしたいなぁ」と思わせることを目的として制作されるケースが多く、「恋愛ファンタジー映画」や「ロマンス映画」と呼ばれています。

一方、後者は観客に「人間関係としての〈恋愛〉について深く考えさせる（場合によっては恋愛なんてしたくないなぁ、と感じさせてしまう）」タイプが多いため、「恋愛リアリズム映画」と呼ばれることがあります。

具体的な作劇面でも両者には大きな違いが見られます。

恋愛ファンタジー映画では、「ひとが恋に落ちている最中」の美しく楽しい側面が強調されるため、幾分フィクショナルになる傾向が強く、コメディや文字通りのファンタジー、あるいはメロドラマの要

『イン・ユア・アイズ
近くて遠い恋人たち』
In Your Eyes
2014年　アメリカ　105分
監督：ブリン・ヒル
脚本：ジョス・ウェドン
キャスト：ゾーイ・カザン／マイケル・スタール＝デビッド／ニッキー・リード／スティーブ・ハリス／マーク・フォイアスタイン　ほか
DVD 3,800円＋税
発売元：アット エンタテインメント
販売元：TCエンタテインメント

素が取り込まれるなど、必然的に劇性が増していきます。片や恋愛リアリズム映画は、倦怠期を扱うことで〈相手に対する恋心が冷めたときの感情〉が強調されるため、物語の世界観やテイストは重くならざるを得ず、劇性も低下しがちです。

もちろん倦怠期自体を俯瞰的な観点で捉えることで、コメディとして物語を進めることも可能ですし、実際そういったアプローチで成功した過去作は多く存在します。

ですが、倦怠期を迎えた登場人物の視点に入り込み、リアルな感情をベースに物語を進める場合は、ほぼ間違いなくシリアスな風合いが呼び込まれます。

いずれにせよ、「恋愛ファンタジー」と「恋愛リアリズム」を同時に描くことは不可能です。双方が目指す「映画としての着地点」があまりにも異なるため、そもそも両立するはずがないからです（物語世界の時間軸を数十年のスパンで描く場合、「恋に落ちている最中」と「倦怠期に陥った状態」の両方を描くことは可能ですが、その手の映画のモチーフは「恋愛」ではなく「人生そのもの」であるケースが多いので、厳密には両立しているとは言えません）。

今回取り上げる『イン・ユア・アイズ 近くて遠い恋人たち』は「赤い糸で結ばれた運命の恋人同士」を描く物語で、ストーリーラインだけを辿れば、典型的な恋愛ファンタジー映画に属するものと言えます。

しかしながら、「恋」という、ともすると主観的になりがちな感情を超えた、普遍的な「愛」に関する観点も取り込むことに成功し、結果として極めて見応えのある一本に仕上がっています。これはなかなか出来そうで出来ないことなので、この機に是非紹介させてください。

まずはあらすじです。


主人公はメキシコ国境近くの小さな街に住む青年、ディラン・カーショウです。

子供のころは学校の成績も良く、将来の可能性も無限にあった彼ですが、現在は保護観察官の監視の下、仮釈放中の身です。紹介された仕事はどれも長続きせず、トレーラーハウスで冴えないひとり暮らしをしています。

ディランが刑務所に入ることになったのは、小さな判断ミスがきっかけでした。

手先の器用なディランは、悪友ボーとライルに頼まれ、それが窃盗であるとは知らずに民家の鍵を開けてしまったのです。警報器が作動し、ボーとライルはすぐさま逃亡。逃げ遅れたディランだけが逮捕されました。その後、ディランは警察にボーとライルの名を伝えなかったため、単独犯とみなされ投獄。

やがて模範囚として仮釈放されたものの、彼の生活はすっかり様変わりしてしまったのです。

出所後、ディランは人生を自らコントロールすることができなくなり（少なくとも本人はそう思い込んでしまい）他者とのコミュニケーションにも自信が持てなくなりました。

可能性は充分にあったにもかかわらず、結果として街から出ることがなかったディランは狭い世界しか知らず、自らの可能性からも目をそらしてばかりいます。

一方、もうひとりの主人公レベッカ・ポーターは、遠く離れたニューハンプシャー州に住んでいます。

夫のフィリップは市議への立候補を打診されるほどの高名な医師で、将来は病院長の後を継ぐとの噂もあります。当然、金銭的にもゆとりがあり、妻であるレベッカの生活は何不自由ない贅沢な暮らしです。

ところが、レベッカの心は満たされません。

フィリップとは精神的に距離があり、レベッカは自らの想いを口にする機会を失いがちです。何かを思いついても、聞き入れてはもらえないと感じ、言葉を呑み込む日々を送っています。結婚当初、生活の変化に対する緊張から不安定になったレベッカをフィリップは精神疾患と見なし、入院させた過去があります。そのことがレベッカの心に、今なお重いしこりとなって残されているのです。

そんなある日、ふとしたことがきっかけでディランとレベッカは「精神感応」を起こします。遠く離れているにもかかわらず、互いの目に見えるものや耳から聞こえるものが、まるで自分の感覚であるかのように繋がってしまったのです。

当然ふたりはパニックに陥りますが、落ち着いて声に出してみると互いの声が聞こえ、話しかけることが可能だと分かります。あたかも長距離電話で話すかのように、ふたりは徐々にコミュニケーションを図りはじめます。

互いがどこに暮らし、どんな人物で、今は何をして過ごしているのか……等々を話すうち、次第に打ち解けてゆくディランとレベッカ。

ところが、周囲の人間には「独り言を話しているように」しか見えません。ふたりはやがて「精神感応」のスイッチのオンオフを身につけ、連絡を取り合う時間を決めると、毎夜毎晩、ふたりだけの会話を愉しむようになります。

ある日、ディランはふと子供時代に起こった不思議な出来事を思い出し、レベッカに伝えます。

「小さいころに、ソリで遊んでいて大ケガをしたことない？」

思わずハッとなったレベッカは、子供時代にソリ遊びで大木と衝突、頭部を強打し、生死の境を彷徨った経験を伝えます。実はそのとき、子供だったディランはすでにレベッカと「精神感応」を起こし、自らも意識不明の重体に陥っていたのです。

ディランとレベッカは、これまでに幾度も「精神感応」を繰り返してきたことを思い出します。ディランが刑務所で過ごしていたときの孤独をレベッカも感じていたこと。レベッカが学生時代に母を亡くし、孤独に苦しんでいたことをディランも感じていたこと……。

やがてふたりは、互いに惹かれ合っていることに気づきます。しかし、それは単なる恋心ではなく、真の意味での共感でした。どんなに近くにいても、気づくひとなどひとりもいなかった互いの心の痛みを、ふたりは「自分のこととして感じること」で無意識に共有していたからです。それまで孤独を感じていたディランとレベッカは、いつしか誰よりも信頼し合える関係になっていきます。

そんな矢先、レベッカの夫フィリップは、妻が夜中に「ひとりで」楽しそうに話している姿を目にしてしまいます。かつての精神疾患が再発したのでは、と疑った彼は、統合失調症の専門医メイナードに相談し、妻を隔離すべく準備を開始するのです……。

この映画は、ジャンルで言うとファンタジーにあたりますが、構造的には「女性神話」を辿る物語です。ディランもレベッカも、自らが置かれた現状に抑圧されていることには充分気づきつつも、その現状に依存しなければ生きてはいけない。少なくともふたりともそう思い込んでいます。

ところが、「精神感応」が起こったことがきっかけで自らの内面に「輝くことができる可能性」を発見、現状とは異なる「秘密の世界」を手に入れます。

ふたりは「精神感応」の時間を繰り返すことで「秘密の世界」の尊さを実感し、魅了され、次第に元の世界（現状）とのバランスを保てなくなります。

『アナと雪の女王』での「ありのままで♪」と同じく、自らが自分らしく過ごせる場所を手にしたことで、大きく変化するチャンスを手に入れるのです。

しかし、そのチャンスを活かすためにはリスクを伴います。

ふたつの世界での暮らしをいつまでも繰り返すわけにはいきません。それは現実から目をそらしているだけだからです。いつか必ず、どちらか一方を「自らの選択と行動」によって、選出しなければならない日がやってきます。

ひとは誰しも、意図せずとも「楽なほう」を選択し、「考えなくて済むほう」の行動をとってしまいがちです。結果、日々の暮らしはルーティン化し、いつのまにか「自分の限界値はここ」と決めてしまうのです。

これまでとは違った「選択と行動」をとるには勇気が要ります。自分でこしらえた「殻」を破らなくてはならないからです。

本作でもディランとレベッカが「自らの殻を破る瞬間」がクライマックスで魅力的に描かれます。その結果、ふたりの身に何が起こるのか、ふたりの未来はどうなるのか……それは実際に映画をご覧になってみてください。

ところで、本作はその特殊な設定故に、主人公ふたりが共演することができません。しかし、観客は共に画面に登場することができないディランとレベッカに感情移入し、物語を追っていきます。必然的に本作の成功の鍵を握るのは、ふたりの演者の力量ということになります。

ディランを演じるのは『クローバーフィールド／HAKAISHA』に主演したマイケル・スタール＝デイヴィッド。やや線が細く、決して強烈な印象を残すタイプの俳優ではありませんが、繊細でリアルな演技が持ち味です。本作の特殊な設定を活かした展開には、彼のチャームが確実に活きています。

しかし、彼以上にこの映画の中軸を支えているのはレベッカ役のゾーイ・カザンです。

名作『欲望という名の電車』の監督として知られるエリア・カザンを祖父に持ち、『ロンリー・ブラッド』や『悪魔を憐れむ歌』の脚本家として知られるニコラス・カザンを父に、また『SAYURI』の脚本や『ジェーン・オースティンの読書会』の監督兼脚本家でもあるロビン・スウィコードを母に持つ彼女。

幼い頃から家族による映画づくりや脚本執筆作業を目の当たりにして育ったためか、ゾーイ・カザンもまた、自ら脚本を執筆し、主演も兼ねた映画『ルビー・スパークス』で一躍有名になりました。それまでにも『フラクチャー』や『レボリューショナリー・ロード／燃え尽きるまで』などの映画に出演してはいましたが、やや個性的な美貌のためか（特に鼻筋はお祖父さんにそっくり！）残念ながら、あまり彼女の魅力を引き出せるような役柄や作品には恵まれていませんでした。

自分自身でアテ書き（具体的な俳優をイメージし、その俳優の特性を脚本のキャラクター造型にそのまま活かして執筆する方法）をした『ルビー・スパークス』以降は、多くのクリエイターを刺激し（皆、ゾーイ・カザンという女優をどう使えばいいのかを掴んだのでしょう）、『もしも君に恋したら。』『プリティ・ワン　たったひとつの恋とウソ。』『選挙の勝ち方教えます』といった魅力的なインディペンデント作品に多く出演するようになりました。

残念なのは、それらが皆日本では劇場公開されず、ＤＶＤストレートになってしまっていることです。日本で彼女の人気が今ひとつ盛り上がらないのはそのためかもしれません。

いずれにせよ、本作に於けるゾーイ・カザンは極めて魅力的です。

おそらく現場では、スクリプター（記録係）か代役の俳優がディランの台詞を読み上げるという方法を選択しているのではないかと思います。ディラン役のマイケル・スタール＝デイヴィッドと共演できないまま撮影を続けなければならないのは精神的には相当な負担だったろうと推察できますが、それを微塵も感じさせない見事な表現が随所に見られます。

イェール大学の演劇学部を卒業し、数多くの舞台経験を積んだ彼女は、スタニスラフスキー・システムをベースにした、いわゆる「メソッド演技法」の実力者でもあります。この辺りのキャリアは、祖父のエリア・カザンがアクターズ・スタジオの創設者のひとりでもあることを考えると実に興味深いところです。

メソッド演技法は、役作りのために俳優が自らの内面を掘り下げるアプローチのため、俳優自身の精神に過大な負荷が掛かることや、演技の即興性が強いために表現にメリハリが欠け、不明瞭なものになりがちだというマイナス面がありますが、本作のように「共演者が不在」の状態で、でも同時に、「彼は私の内面に存在する」という難しい役柄を演じる際は、間違いなくプラスの効果を生むアプローチと言えます。


そういう意味でも、主人公ふたりの間に芽生える「精神感応」という要素は、この映画を支えるもうひとつのキーポイントです。

一度も会ったことがないばかりか、遠く離れた場所に住んでいるにもかかわらず、ディランとレベッカは互いの見るもの、聞くもの、そして感じるものを共有していきます。

この独特の感覚は、映画的に誇張して表現されてはいるものの、実はまったくの絵空事とも言えない感覚です。

精神医学のトピックのひとつに「共感覚」と呼ばれる現象があります。

共感覚は、ある外的な刺激に対して通常の感覚だけではなく、別種の感覚をも同時に発生させる現象です。例えば、視覚的な刺激を受けたときに同時に聴覚の刺激も受けてしまう、あるいは聴覚的な刺激を受けた際に視覚的な刺激を伴う、というようなことです。

フランスの詩人アルチュール・ランボーやロシア生まれの作家ウラジーミル・ナボコフは、文字に「色」が見えると発言し、共感覚者だったのではないかと言われています。またアメリカの盲目の歌手スティーヴィー・ワンダーや、ロシアの作曲家アレクサンドル・スクリャービンは音に対して色を感じていたとされています。

これらの感覚は、典型的な共感覚と言えるでしょう。

一方で、共感覚の一種として「ミラータッチ共感覚」と呼ばれる現象が存在します。

こちらは自分ではない他人が物やひとに触れた際、触れたひととまったく同じ触覚が生じたり、触れられたひとと同じ触覚が生じるというものです。もちろん、誰の身にも起こる現象ではありませんが、世界中の報告例を見る限り、単なる誤認識や勘違いとして片付けるのも難しいという、実に興味深い現象です。

おそらく本作は、このミラータッチ共感覚から着想を得たのではないかと思われます。

夫の留守中に飲酒し酩酊状態になったレベッカが、実際には遠く離れた場所にいるディランと性愛を交わすシーンは独特かつとても美しく描かれています。ミラータッチ共感覚のベッドシーンをここまでロマンチックに描いた映画はおそらく史上初なのではないでしょうか。

ところで、この映画はいわゆる「恋愛ファンタジー」のため、あらすじだけを辿ると「ある種の甘さ」が印象に残ってしまい、面白さが伝わりにくいかもしれません。むしろ、「心が通じ合うから相思相愛だなんて、30歳近い男女の恋愛感情としてはあまりにもウブすぎるんじゃないの？」と否定的に感じるひともいるでしょう。

しかし、実際に本作をご覧いただくとお分かりになるかと思いますが、『イン・ユア・アイズ 近くて遠い恋人たち』は、その問題を易々とクリアしています。

そもそも「精神感応」というモチーフをスイートな恋愛感情の道具としては使っていないのです。

まず、主人公たちの身に起きる「精神感応」がいわゆるテレパシーとは異なり、相手の心の内側までは理解できないという設定にした点が秀逸です。

互いの見たものや聞いたものは共有できるものの、そのつど何をどう感じたかは共有できないのです。この「きちんと言葉で想いを伝えない限り、相手には伝わらない」というアイデアは実にフェアですし、作劇上も極めて効果的です。

また、ディランとレベッカは「互いの存在に救われたと感じていること」でこそ惹かれ合い、その原因は「子供時代のことをすら互いに理解しているため」だと「認識して」います。つまり、彼らは相手の身に起きた出来事を「常に自分のこととして認識してきた」のです。この共感性の強さは表層的な色恋の感情とは決定的に異なります。

劇中、レベッカの印象的な台詞があります。

ディランが、かつて刑務所で過ごしていたころ、いかに孤独を噛みしめていたかを伝えると、レベッカはこう言うのです。

「でも、独りじゃなかったよ。私もいたから」

この台詞はディランにとって、深い部分での「恋に落ちる瞬間」でもあるわけですが、物語の設定上主人公たちが共演できない（同時に体験する出来事を描くことができない）というカセがあるからこそ、それが本作特有の作劇として機能し、「決定的な共感のエピソード」を生んだドラマチックな瞬間でもあります。

利己的になりがちな恋をモチーフとしながらも、実際にはもっと深い部分に存在しうる利他性としての愛について考えさせる映画は、多くの作り手がそれを目指しながらも、なかなか達成できない領域です。

その点、本作は脚本のクオリティが極めて高いと言えるでしょう。

ところで、脚本という表現物は、その性質上必ず「穴」があくものです。つまり、「矛盾」が発生してしまう。この矛盾というのは、多くの場合大きく2種類に分けられます。

設定の論理的な矛盾と登場人物の行動に関する「心理的な矛盾」です。

小説の場合、設定の論理的な矛盾を埋めるための説明が数十ページ分書かれていたとしても、読み手はそれほど違和感を覚えず、むしろ描かれ方によってはとても楽しめる時間になることがありますが、これは小説がページ数を時間として換算しない「読み物」だからです。

片や脚本は、そもそも映画にするために書かれるものなので、ページ数は時間に換算されますし、事実上「読み物」としても機能しません。数十ページに及ぶ設定の説明に時間を割くということは、その場面は「ただ俳優が説明台詞をしゃべっているだけの時間」になってしまうため、劇性は低下し、物語も一時停止してしまうのです。これは映画表現としては御法度です。

しかし、それでも設定の矛盾は必ず生じます。特に今回のような「精神感応」が題材の場合、主人公たちはいったいどこまで互いの経験をシェアしているのか？ そもそも刑務所や母の死んだ日のことを覚えているなら、そのほかの大量の記憶も共有しているのか？ 等々、SF的な設定の細かい部分を気にしだしたらキリがありません。

通常、このように設定上の矛盾が発生した場合、脚本家の仕事は「登場人物の情動」を発生させることで物語を展開し、「観客の情動」を登場人物の心の動きにフォーカスさせることです。

その点でも本作は「矛盾」を巧みに捌くことに成功しています。

脚本を執筆したジョス・ウェドンは、1992年、日本人プロデューサーの葛井克亮さんが製作したアメリカ映画『バッフィ／ザ・バンパイア・キラー』で脚本家としてデビュー。その後、ピクサーの長編映画第1作『トイ・ストーリー』に脚本チームの一員として参加したことで有名です。

また近年では監督と脚本を兼任した『キャビン』や『アベンジャーズ』など、一貫して「SF、アクション、ホラー」などの「ジャンルに特化したクリエイター」としても知られています。

本作は、そんな彼がデビュー時と前後して、まだ20代だった頃に書いた脚本を映画化したものです。もちろん、20代という若さで書かれたが故の粗さもないわけではありませんが、それは同時に現在の彼には書けないであろうピュアな作品に仕上がっている証拠でもあります。

前述したようにゾーイ・カザンの好演もあって大変見応えがありますし、劇場未公開にしておくのが本当にもったいない一本です。

お近くのレンタルビデオ屋さんに行かれる際は、是非お手に取ってみてください（ちなみに本作は2017年2月現在「Netflix」でも配信されています）。

それでは次回またお会いしましょう。

※ところで、『イン・ユア・アイズ 近くて遠い恋人たち』は、2015年に東京・新宿の映画館シネマカリテで開催された『カリテ・ファンタスティック！ シネマコレクション2015』（以下、『カリコレ2015』）にて、同年5月31日、6月8日、6月19日の各日に一度ずつ、計3度スクリーンで上映されています。一般の映画館で、尚かつ入場料金を設定したうえで上映されたことがある作品を「劇場公開作品」としてカウントすべきなのか、あるいは「劇場未公開作品」として扱うべきなのかについては、正直ずいぶんと悩みました。

しかし、ぼくが愛してやまない多くの過去作、例えばイギリス製の不条理ミステリー『コールド・ルーム』やアメリカ製の低予算映画『ＳＦゾーン・トゥルーパーズ』、また旧ソ連軍によるアフガン侵攻を描いたアメリカ製のアクション映画『レッド・アフガン』などは、それぞれ１９８５年、86年、89年の東京国際ファンタスティック映画祭で上映されたにもかかわらず、一般的にも業界的にも、すべて「劇場未公開作品」として扱われています。

また、近年でもポーランド映画史上最大のヒット作として知られる『リベリオン ワルシャワ大攻防戦』は角川シネマ新宿で開催された「ポーランド映画祭２０１５」にて合計3回スクリーン上映されていますが、こちらもやはり「劇場未公開作品」として扱われています。

これらの事例に従って、『イン・ユア・アイズ 近くて遠い恋人たち』の『カリコレ２０１５』での3回の上映は「劇場公開ではない」と判断し、今回の掲載に踏み切りました。

本作の配給・宣伝を担当された方々、『カリコレ２０１５』の関係者の皆さま、並びにファンの皆さまのなかには、ぼくの今回の判断に不快感を覚える方もいらっしゃるかと思います。

ですが、どうか誤解なさらないでいただきたいのですが、ぼくは決して『カリコレ２０１５』を「映画祭として軽視している」わけではありません。

「映画祭での上映」を「劇場公開」としてカウントしないことが重要なのではないか、と考えているだけです。

本コラムの目的は、ひとりでも多くの方に、一本でも多くの良質な劇場未公開映画をご紹介することにあり、それを機に読者の皆さんがご自分に合った劇場未公開作品を発見する愉しみを身につけていただくことにあります。映画祭での上映を劇場公開としてカウントしてしまうと、その機を逃すことにもなりかねません。

ただでさえ、劇場未公開作品は、新作としてリリースされた時期を逃すと紹介の機会を失いがちです。その結果、再評価のタイミングを逸するばかりか、良質な作品がことごとくビデオ屋さんの棚の片隅に追いやられ、PPTの期限を過ぎればメーカーに返還され、人知れず消えていき、まるでその映画が「なかったことにされてしまう」ことも多々あります。こういった現状は、一映画ファンとしても一作り手としてもあまりに忍びないと感じるのです。

以上の理由から、今後も本コラムで取り上げる作品のなかには通常の興行は打っていないものの、映画祭やイベントで上映されたことがある作品が「劇場未公開映画として」登場するかと思います。

何卒ご理解ご了承くださいますよう、よろしくお願いいたします。

08

幽霊側の視点から描く「止まった心の時間」の進め方

今回ご紹介する作品は『私はゴースト』というアメリカ映画です。

レンタルビデオ屋さんでは「ホラー映画」の棚に置かれているかと思いますが、いわゆる普通のホラーとはかなり雰囲気が異なります。

舞台はひとつの屋敷の中だけで、カメラが建物の外に出ることはありません。さらに主な登場人物は主人公ひとり。途中から声だけで登場する人物がひとり。後半に印象的な登場をする人物がもうひとり。

合計で3人しか存在しません。

しかも上映時間はエンドロールを入れてもわずか76分という短さです。

ちょっと変わってますよね？

実はこの作品、監督もキャストも完全に無名の、超低予算で作られた自主映画なのです。

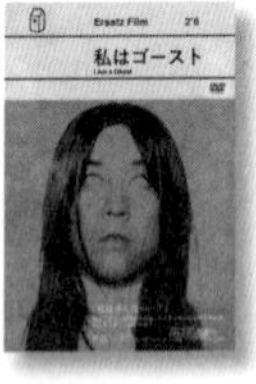

『私はゴースト』
I Am a Ghost
2012年　アメリカ　76分
監督：H・P・メンドーサ
脚本：H・P・メンドーサ
キャスト：アンナ・イシダ／ジーニー・バロガ／リック・バーカート
DVD 3,800円+税
発売元: ピクチャーズデプト
販売元: TCエンタテインメント

自主映画と聞くと、皆さんはどんなイメージを持たれるでしょうか？

貧乏くさい映像、身内受けで学生気分が抜けない世界観、自分探しを中心にした起伏のないストーリー……等々。

昔の自主映画には、そんなイメージがつきまとうかもしれません。

あるいは近年の自主映画となると、今度はイメージがまったく逆の可能性もあります。パソコンのソフトで作られたCGなどのエフェクトがやたらと登場し、デジタル一眼レフで撮られた映像は美しくまるでプロのよう。ただし脚本は弱く、カタチだけプロの真似をした表層的なストーリーが展開し、普遍的な人間の心理までは掘り下げられておらず、ドラマ（葛藤）としての見応えがあまりない。

ひとによっては、そんなマイナスイメージを持たれる方がいるかもしれません。

『私はゴースト』は、そういった「いわゆる」自主映画のイメージを覆すアイデアがてんこ盛りで、すこぶる面白い作品に仕上がっています。

実際、ヘタな商業娯楽映画を遥かにしのぐ創造性とクオリティが確保されているため、大変に見応えがあります。

というわけで、この機に是非紹介させてください。

まずはあらすじです。

主人公のエミリーは「かなり古風な家」でひとり暮らしをしている若い女性です。

普段と変わらぬ様子でベッドで目覚めた彼女は、台所で朝食を作り、それを食べ、家の中を掃除すると、買い物に出かけ、戻ってきて、読書をし、やがて夕方になるとソファでうたた寝をする……といった具合に、ごくごく普通の日常を過ごしていきます。

やがて画面は一転。

先ほどと同様エミリーがベッドで目覚め、台所で朝食を作り、食べ、掃除をし、買い物に出かけ、帰宅し、読書をしていく姿が映されます。

……ははぁ、これはきっと「退屈な日常を繰り返す女性の地味な物語」なのだな、と思って観ていくわけですが、それにしてはどうもおかしい。

エミリーの一挙手一投足は、1度目の日常描写と微塵も変わらないのです。まったく同じことをまったく同じ速度と間合いで繰り返しています。とうてい人間ワザとは思えません。ところがそのことに対して、当の本人はまるで無自覚なようなのです。

多くの観客はここで奇妙な感覚に囚われていくでしょう。

一体、この人物は何者なのか？　何故こんなことを繰り返し、またそのことにどうして無自覚でいられるのだろうか？

映画が始まって13分を過ぎたころ、均衡が突然破れます。

「エミリー、聞こえる？」

誰もいない空間から見知らぬ老婆の声が響くのです。てっきり幽霊か何かだと思い、怯えるエミリー。

シルヴィアと名乗るその声は、エミリーを落ち着かせようと穏やかに話し続けます。

話を聴いていくと、どうやらシルヴィアには敵意はなさそうなことが分かります。しかも、以前にも会ったことがあると言います。ですが、エミリーには心当たりがありません。シルヴィアなる人物についての記憶がないのです。

「私はあなたを助けたいの」

「助ける？　どういうこと？」

「落ち着いてエミリー。これから私が言う言葉を繰り返し唱えてみてちょうだい」

「……？」

不安げなエミリーに対し、シルヴィアの声はこう続けます。

「私は幽霊、私は幽霊、私は幽霊……」

実はエミリーはとうの昔に死んでおり、地縛霊としてこの家に留まっていたのです。

シルヴィアの職業は霊媒師で、エミリーを成仏させるためにこの家にやって来たと言います。実際、これまでにも何度かお祓いを試みたものの、「問題の核心」に迫ろうとすると、エミリー自身が恐れをなして逃げだしてしまう。そんなことが繰り返されたというのです。

お祓いの最中に逃げだしてしまうことでシルヴィアとのコネクトが外れたエミリーは「お祓いをしたという記憶」をなくし、自らが死ぬ前の状態の時間へと逆戻りしてしまう。

その結果、終わらない日常が際限なく繰り返されていく……。

エミリーのループした一日は、そんなやりとりの末に起きていたことだったのです。

目には見えないシルヴィアと言葉を交わすうち、エミリーは次第に「失われていた記憶」を取り戻していきます。

自分がこの家で「何者か」によって殺害されたこと。

その記憶が恐ろしすぎるあまり、心の底から忘れ去ろうとしていたこと。それ故に自らの死をも受け入れられなかったこと……。

果たしてエミリーの死にはどんな秘密が隠されているのでしょうか？　そしてエミリーは無事に成仏することができるのでしょうか？

『私はゴースト』は、成仏できずに苦しんでいる地縛霊の想いや葛藤を「幽霊側の視点」から描いた、非常に珍しいタイプのホラー作品です。

劇中で詳細には語られないものの、シルヴィアとのやりとりやエミリーの家の内装、また彼女の服装などから、エミリーが死んだのは相当な昔（おそらくは80年近く前）であることが分かります。それほどの永きにわたって自らの死を（つまり現実を）受け入れられず、終わりなき日常を繰り返してきたエミリー。彼女の孤独を想像すると、恐ろしくも悲しい気持ちになります。

この奇妙で味わい深い映画を監督したのは、H・P・メンドーサという人物です。独特の世界観と眼差しから、てっきりヨーロッパの出身かと思いきや、意外にも彼はカリフォルニア州サンフランシスコ生まれという生粋のアメリカ人でした。

キャリアの初期は演者側にいたようで、歌って踊れるミュージカル俳優として地元の劇団で活躍した後、2006年にインディペンデント映画作家のリチャード・ワンが監督した『Colma:The musical』に主演。同作でのメンドーサの演技は、当時のメディアで高く評価されたようです。

その後は作り手の側に回り、2009年には処女作の長編『Fruit Fly』を完成させます。

同作はフィラデルフィアで毎年開催されている「ゲイ&レズビアン映画祭（通称、Qfest）」でのライジングスター賞をはじめ、数々のインディペンデント映画祭で賞を受賞しています。その後、演者の仕事を細々と続けながら、サンフランシスコのリアリティ番組の世界で演出家として腕を振るったのち、今作『私はゴースト』を自主制作。世界中の映画祭で高い評価を得ました。

メンドーサは多彩な人物です。

本作でも監督のみならず脚本を執筆、また撮影、照明、編集、音響効果、さらには劇中音楽の作曲まで手がけています。

映像制作の工程に精通している彼ですが、とりわけ音楽方面には強いようで、デヴィッド・ルイス監督のコメディ映画『ロングホーン』では音楽を、クリスチャン・ケギガル監督のドキュメンタリー映画『Now and at the Hour』では音響効果を担当しています。

実はこういった器用さはメンドーサ独自のものというよりも、典型的なインディペンデント系作家「ならではのもの」です。そもそもインディペンデントの作り手は潤沢な予算がなく、人手も足りないことがほとんどです。そのために、ひとりで色んなことをしないと映画を作れない場合が多く、ある程度は器用にならざるを得ない、という実情があります。

ようするに、ハリウッド系のメジャーなフィールド出身の作り手とは根本的なアプローチが違いますし、違わざるを得ないのです。これはどちらが良い悪いという話ではなく、単なる状況の差と言えるでしょう（もちろん、だからといってインディペンデント系の作家陣が皆、メンドーサのような才能を有しているわけではありませんが）。

一方、全編出ずっぱりの主人公エミリーを演じたアンナ・イシダは、アメリカ人と日本人とのハーフの女優で、東京生まれのサンフランシスコ育ちです。

アメリカで複数のインディペンデント映画に出演した経歴はあるものの、主戦場は映像ではなく、舞台のミュージカルとのこと。とりわけ、サンフランシスコのベイエリアでの仕事が多いようです。監督のメンドーサとは同郷ということもあり、仕事上の人間関係を通じて自然な形での出会いがあったのかもしれませんね。

ところで、彼女は日本のアイドルグループＳＫＥ48の石田安奈さんとはまったくの別人です。「そんなの当たり前だろ！」と言われそうですが、混同されている記事を何度か見かけたことがあります。

例えば、アメリカの映画情報サイトＩＭＤｂ（Internet Movie Deta base）のなかで、本作の主演女優アンナ・イシダが『The Saturday Night Child Machine』というテレビのミニシリーズに出演していると紹介されていますが、実際にはこの番組は、２０１３年に日テレで放送されていた深夜バラエティ『サタデーナイトチャイルドマシーン』のことで、前述のアイドル石田安奈さんが出演していました。

こういった誤解が生じてしまうのは、アンナ・イシダがいわゆるメジャーでポピュラーな畑での仕事よりも、インディペンデント界隈での活動にこだわっているからこそかもしれませんね。

もちろんインディペンデント畑出身だからといって、本作での彼女の仕事ぶりに見応えがないわけではありません。

そもそも「自意識に囚われた地縛霊」というのはとても難しい役柄です。

しかも物語の途中で、エミリーが生前「とある精神疾患を抱えていたこと」が判明するのですが、そのことでイシダは演技のアプローチを若干シフトせざるを得なくなります。これまで映像の仕事はあまりしたことがないようですが、見たところ、役柄の精神状態に繊細なレベルで的確にフォーカスできているようです。メソッド演技法の下地ができているのでしょう。冒頭からラストに至るまで「カタチではないキモチの演技」が堪能できます。

この点に関しては、本作が低予算のプロジェクトであるが故に、舞台をひとつの建物内に限定したことが功を奏した可能性があります。

舞台を中心に仕事をしてきた俳優のなかには（特に映像の仕事をあまり経験したことがない俳優の場合は）、撮影現場で「役柄の気持ち」をフィジカルなレベルで腑に落とすのが苦手なひとがいます。

映画は必ずしも脚本通りの順番で撮影されるわけではありませんし、ひとつひとつのカットも（照明のセッティングやロケ場所のスケジュールなどの都合で）バラバラな順序で撮られるのが普通です。

また、個々のカットのフレームサイズに合わせた芝居が求められるため、舞台での表現とは異なり、心情的には違和感のある高さに手や足を配置したり、表情や顔の向きのバランスを「カットの狙い」に合わせたものにしていかなくてはなりません。

映像演技の経験があまりない場合、こういった状況下に身を置くことで役柄とのリンクが外れ、芝居が形骸化してしまうケースがあります。

なかでも問題になるのが、物語の展開上、撮影場所（ロケ場所）を次々と移動することになったり、シーンの内容に合わせて美術スタッフの部屋の作り込みを変更せざるを得なくなることです（もちろん、そのこと自体は仕方のないことなのですが）。

その結果、俳優が役柄に素早くフォーカスし、その精神状態を高いレベルで維持するのが難しくなることはままあります（なるべく早くキャリアを積んで慣れる〈＝経験値を増やす〉しか解決策はないのですが）。

その点『私はゴースト』では、主人公のエミリーが「死を受け入れられない地縛霊」であり、「だからこそ、同じ場所をぐるぐると行き来せざるを得ない」という設定を作ったことで、予算的にも無駄が省けただけでなく、照明のセットアップなどがシンプルになり、脚本の順番通りに撮影が可能になったはずです。経験の浅いアンナ・イシダにとっても、役柄へのフォーカス感覚が維持しやすかったのではないかと思います。

これは間違いなくH・P・メンドーサの作戦勝ちですし、脚本も執筆しているからこその極めて的確な判断だったと言えるでしょう。


ちなみに、霊媒師のシルヴィア役として声のみの出演をしているジーニー・バロガ、物語の後半に登場する「極めて印象的な唯一の男性」を演じたリック・バーカートともに、インディペンデント映画界で監督も務める無名の俳優です。

メンドーサ自身のキャリアのせいもあるのでしょうが、演者各人が「映画づくりの役職に垣根は存在しない」とばかりに柔軟な対応をしている点も、観ていて実に頼もしく感じられました。


ところで、本作で描かれているようなことは実際に起こり得るのでしょうか？

つまり、幽霊が「自分が死んだことに気がつかず、同じ時間を延々と彷徨い続けてしまうという状況」はあり得るのか、ということです。

それ以前に幽霊は存在するのか？　という問題がありますが……。

とりあえず、「幽霊の存在を科学的に証明できるか否か」という観点での議論は、ちょっと脇に置いておいて考えてみたいと思います。

まず、ぼくの持論として、いわゆる幽霊と呼ばれる存在は「究極の鬱状態」に置かれた人物であると解釈しています（まがりなりにもカウンセラーである以上、「鬱病」と断言はしません。あくまでも「鬱状態」と解釈してください）。

そのうえで次の観点です。

エミリーに限らず、いわゆる「成仏できない状態の幽霊」は、我々のような「生きているひと」とは異なり、肉体を持っていません。

我々「生きているひと」は、日常生活のなかで何か嫌なことがあったり、悩むことが起きたりして鬱状態になった場合（しつこいようですが、正式な「鬱病」のレベルの話ではありません。あくまで「鬱状態」です）、個々人で苦しみの大小の差はあるにせよ、肉体が「時間」を先に進めるためのヒントを与えてくれるはずです。

例えば、お腹が空いたり、眠くなったり、セックスをしたくなったり……。

つまり、「新しいフィジカルな体験」を得られるように、止まった時間の上書きをできるようにと、肉体が「現状の変化」を促してくれるわけです。

ところが、幽霊には肉体がありません。

彼らの場合、ただ漠然と精神のみが存在しています。

必然的に「新しいフィジカルな体験」をするための「きっかけ」が発生せず、未来の経験が得られない。そのことが原因となって、彼らは過去の経験に囚われ続けてしまうのではないか、と思うのです。

いわゆる実話怪談の類いで頻繁に耳にするのは、幽霊が「うらめしや」といった類いの言葉を口にしたという事例です。

上司と不倫した末に捨てられ、自殺してしまった女性の霊が「どうして私が捨てられなきゃならないの……」と呟いたり、突然の事故に巻き込まれこの世を去った若者の霊が「どうして自分だけがこんな目に遭わなきゃならないんだ……」と口にしたという話は、よく聞きます。

つまり、幽霊と呼ばれる存在は、「心の時間が止まったままの状態」に身を（というか精神を）置かれてしまい、肉体的な時間を（肉体がないので）前に進めることができずに苦しんでいる。

こういった状態が続くと、当然ながら自己内省的にならざるを得ず（自らの「辛い感情」に浸らざるを得ず）、鬱状態を引き起こすのではないか。しかも、肉体が存在しないために、我々とは比較にならないほどの「重度の鬱状態」の「悪化」が発生してしまうのではないか、と思うのです。

こうしている間も、世界中のあらゆる場所で、人知れず「止まった心の時間を前に進められないまま（また、そのこと自体にも無自覚なループを続けて）苦しんでいる幽霊」が大勢いるのではないか。ぼくはついついそんな風に考えてしまうのです。

一方でよく考えるのは、そんな「心の時間が止まったままの幽霊」の存在に気づくことができてしまうひとがいたとして、その「気づいた」ということが幽霊側に「気づかれてしまった」場合、気づいてしまったひとに対して幽霊は「重度の鬱状態」の反転として「重度の依存状態」を引き起こすのではないか、とも感じます。

自分の苦しみに気づいてくれるひとがいた。

話を聴いてくれるひとが現れた。理解してくれるひとが現れた。

……逃がすわけにはいかない。

そんな具合に幽霊が考えたとしたら、依存がさらなる執着を生み、「幽霊に気づくことができるひと」を苦しませることになるかもしれません。

その結果、「気づいたひと」が幽霊に依存され（つまり、取り憑かれ）、重度の鬱状態が転移してしまい、そのひと自身は生きているにもかかわらず「心の時間が停止してしまう」というスパイラルが起きてしまうのではないか……。

そんなことを考えていくと、よくある幽霊を題材にしたホラー映画のなかで不用意に霊とコンタクトをとるひとが出てくる場面を観ると、どうにもリアリティ（というか切迫感）が足りないようにも思えてきます。

そういう意味では、生きているひとの「止まった心の時間」を動かす（鬱状態から解放させ、健全な日常を取り戻させる）ための援助者がカウンセラーや精神科医で、生きていないひと（幽霊）の「止まった心の時間」を動かす（成仏させる）のが霊媒師の仕事と言えるのかもしれません。

本作の興味深い点は、いま挙げたような要素に関しても、とても誠実なアプローチが見られるところです。

最後まで声のみしか聞くことのできない霊媒師シルヴィアは、ハリウッドのゴーストストーリーにありがちな「安易で不用意な解決策」や「事態を解決させる道具」をエミリーに手渡すようなことはしません。

問題を解決するには、つまりエミリーが「過去に囚われず、時間を前に進ませることで成仏できる」唯一の方法は、エミリー自身が「考え方を変える」ことだということを、シルヴィアは提示していきます。

ひとつの思考に囚われてしまったが故に、自らの死も、またその原因もしっかりと認識できないエミリー。心の時間を停止させ、地縛霊として現実から逃げ続けてきた彼女にとって、事態を打開できるのは他人ではなく、自分自身でしかないのです。

とはいえ、エミリーが抱える問題は大きく、無事に成仏するためには多大な苦しみを伴います。

この苦しみにエミリーがどう立ち向かうのか、はたまたエミリーの死の真相には一体どんな秘密が隠されているのか？

そこには彼女が「死の瞬間」から80年という永きにわたって地縛霊として「止まった刻」を彷徨わざるを得なかった深い心の闇が横たわっています。

『私はゴースト』は「幽霊側の視点から描く」という奇抜なアイデア故に、その点ばかりが注目されがちな作品です。しかし、物語が進むにつれ、ひとが生きていようが死んでいようが変わらない「普遍的な心の問題」に深く踏み込んでいきます。

いわゆる「ホラーとしての怖さ」を期待して観はじめると、「思ってたのと違った」と感じるひとが多いかもしれません。

たしかに「思ってたのとは違うタイプ」の映画なのは事実ですが、「思ってたのと違う」と感じるときというのは、新たな価値観や視点を手にするチャンスでもあります。

「観客への投げかけ」というスタイルを選択したエンディングも含め、普段なかなか得られないタイプの映画体験が可能な一本です。

是非、ニュートラルな気持ちでご覧になってみてください（なお2017年2月現在、本作はレンタルでのリリースのほかに、Amazonプライムビデオでもレンタル＆セル視聴が可能です）。

それでは、次回またお会いしましょう。

※ちなみに『私はゴースト』はＤＶＤの発売に併せて、未公開映画の祭典として知られる「未体験ゾーンの映画たち２０１６」（会場はヒューマントラストシネマ渋谷）で上映されたことがありますが、いわゆる通常の興行形態とは異なるため、前回の『イン・ユア・アイズ 近くて遠い恋人たち』と同様、一般的な意味での劇場未公開作品として紹介いたしました（もちろん、「未体験ゾーンの映画たち」という上映イベントを軽んじているわけではありません）。その点、何卒ご了承ください。

09

イラク戦争を背景に、アメリカ人女性従軍レポーターの成長を描く「コメディ」？

『アメリカン・レポーター』
Whiskey Tango Foxtrot
2016年　アメリカ　112分
監督：グレン・フィカーラ／ジョン・レクア　脚本：ロバート・カーロック　キャスト：ティナ・フェイ／マーゴット・ロビー／マーティン・フリーマン／アルフレッド・モリナ／ビリー・ボブ・ソーントン　ほか
DVD 3,200円＋税　発売元：NBCユニバーサル・エンターテイメント　※2017年2月時点

「日本ではアメリカのコメディ映画は当たらない」というのは、昔からよく取り上げられる話題です。原因はコメディというジャンルが、ホラーやアクション、ラブストーリーなどに比べて言語や文化の違いなどが如実に現れてしまうためだと言われています。

つまり、笑いのツボが伝わりづらい。

実際、本国では大ヒットしたにもかかわらず、日本では興行的に惨敗した作品は多々あります。その結果、アメリカ製のコメディ映画の多くは劇場未公開になり、ソフト化という形で紹介されるようになりました。

もちろん観られるだけ幸福だとは思います。問題はそれらの作品のほとんどが、人知れずビデオ屋さんの棚に埋もれてしまう傾向にあることです。

この流れは今に始まったことではありません。

１９８０年代後半から90年代にかけて起こったビデオバブル時代のレンタルビデオ屋さんには、日の目を見なかったアメリカ製のコメディ映画が山のように存在していました。

ダニー・デヴィートが監督・主演した『鬼ママを殺せ』やバート・ランカスターとカーク・ダグラスがダブル主演した『タフガイ』などは、全米1位になりながらもビデオスルーという形でのみ日本に紹介された作品として有名です。

ほかにも本国ではスマッシュヒットを記録したカール・ライナー監督の『サマースクール』やウーピー・ゴールドバーグが主演した『バーグラー／危機一髪』、ジョン・キャンディが主演した『迷探偵ハリーにまかせろ!?』等々……不遇な扱いを受けた作品は数え上げたらキリがありません。

しかし、同時にそれは「コメディ映画の棚には、実はびっくりするほどの良作や、見所のある未公開作品が多く眠っている」ということでもあります。

今回取り上げる『アメリカン・レポーター』もそんな一本です。

２０１５年3月7日に全米で公開された本作は、初週の興行収入で第4位を記録し（ちなみに1位は同日公開の『ズートピア』でした）、その後も3週にわたって興収ベストテン入りしました。最終的に大ヒットとまではいきませんでしたが、いわゆるスマッシュヒットを記録した作品です。

ヒットしただけでなく内容的にも良質な作品なので、この機に是非紹介させてください。

まずはあらすじです。

物語は2003年、ワシントンのテレビ局で幕を開けます。

主人公のキム・ベイカーは報道局に所属する42歳の女性プロデューサー。

端から見れば成功者のキムですが、実際にはプロデューサーとは名ばかりで、日々ニュース番組の原稿書きに終始しています。


仕事が終わればスポーツジムへと出向き、ひとり寂しくエアロバイクを漕ぐのがキムの日課です。満たされない日々に苛立ちを覚えつつも、彼女は人生を変えるための選択も行動も起こせずにいます。

もちろん誰のせいでもありません。キム自身が「人生を変えられるとは信じていない」からです。


そんな矢先、思わぬ出来事が起こります。

ときの大統領ジョージ・ブッシュの指揮の下、イラク戦争が勃発。メディア各社はアフガンからの現地レポートが必要になり、キムが勤めるテレビ局からもレポーターを派遣することになったのです。

子供がおらず当面結婚の予定もないキムは、迷った末に選択し、行動を起こします。

戦場レポーターになるべくアフガニスタン行きを決意したのです。

しかし、それはキムにとって長く険しい茨の道の始まりでした……。


主人公キムを演じるのはコメディエンヌとして日本でも人気の高いティナ・フェイです。

90年代後半、伝説のお笑い番組『サタデーナイト・ライブ』で出演者兼脚本家としてキャリアをスタートさせた彼女は、２０００年代に入ると、保護者指導教員として知られるロザリンド・ワイズマンが執筆した「いじめ本」の名著『女の子って、どうして傷つけあうの？―娘を守るために親ができること』に感銘を受け、直接ワイズマンと交渉。

映画化権を取得したのち自ら脚本を執筆、リンジー・ローハン主演で映画化にこぎつけ、２００４年に大ヒットさせました（映画化タイトルは『ミーン・ガールズ』）。その後も演者だけでなく、作り手としても積極的に映像制作に携わり続けています。

今作でも脚本こそ執筆してはいませんが、プロデューサーとして企画の立ち上げから全工程に参加しています（つまり、事実上脚本開発のプロセスにもすべて立ち会っている、ということです）。

実際に脚本を担当したのはロバート・カーロック。

彼は、ティナ・フェイが『サタデーナイト・ライブ』時代の経験を元に企画を立て、脚本を執筆し、制作総指揮を兼ね、尚かつ主演もした人気テレビドラマ『30ROCK／サーティー・ロック』シリーズで共に制作総指揮を担当した人物です。

その後制作された「Netflix」のオリジナルドラマ『アンブレイカブル・キミー・シュミット』でも、フェイと共に企画の立案と制作総指揮を兼任しています。言ってみればティナ・フェイの右腕にあたる存在といった感じでしょうか。

そして、監督はグレン・フィカーラとジョン・レクアの2人体制。

彼らは脚本家としてのデビュー作『キャッツ&ドッグス』以降、監督作の場合も常にコンビで活躍しており、基本的にはコメディを得意とする作り手です。

ちなみに本作『アメリカン・レポーター』には原作が存在します。

2011年に刊行された『The Taliban Shuffle: Strange Days in Afghanistan and Pakistan』というエッセイで、アフガニスタン紛争時に現地をルポした国際ジャーナリストのキム・ベイカーが記した回想録です（ティナ・フェイが演じているキムは実在の人物なのです）。

同書は未訳のため、ぼくは読んでいませんが、戦場報道の舞台裏をコミカルに描いた内容で、とりたてて深刻な読み物ではないそうです。

こういった座組からしても『アメリカン・レポーター』は「いかにもコメディ映画」という印象を受けます。実際、日本版のDVDパッケージにも「コメディ」という文字がはっきりと記されています。

ところが、いざ観てみると「コメディ」というよりは、むしろ「ユーモラスな人間ドラマ」といった印象を持ちました。

普遍的な人間の心情に重きが置かれているため、日本の観客でも充分に楽しめる作品に仕上がっています。

さて、カブールの地に降り立ったキムは、現地の男性コーディネーター・ファヒムに導かれ、先発していた従軍ジャーナリストらと合流します。

遥かに年下の美人女性ジャーナリスト・ターニャは、キムとは正反対の積極的な性格の持ち主です。かの地で美貌をもてあましている彼女は男漁りに余念がありません。

ターニャを演じているのは、『スーサイド・スクワッド』などで知られるマーゴット・ロビーです。今作でも若さ溢れる快活な演技で観る者を魅了します。

口の悪いイギリス人ジャーナリスト・イアンは、イギリスの映画監督、エドガー・ライトの作品などに多く出演する、マーティン・フリーマンが演じています。

第一印象は最悪だったイアンが、やがて魅力的な人物へと変わっていく過程は、作劇のうまさもさることながら、演者であるフリーマンの力量が大きいと言えるでしょう。

やがてキムはレポーターとして米軍の海兵隊に従軍し、同行取材を開始します。隊長のホラネック大佐は寡黙かつ厳しい人物で、初心者のキムにも一切容赦しません。

大佐を演じるのは名優として知られるビリー・ボブ・ソーントンです。

ほかにも一癖も二癖もあるメンバーが揃っており、都会育ちのキムは困惑しながら彼らと接していきます。

取材開始からほどなくして、キムは戦地ならではの洗礼を受けます。同行していた海兵隊の車列が夕リバンの攻撃を受け、激しい銃撃戦に巻き込まれるのです。

自らの想定の甘さを痛感したキムは、恐怖心と闘いながら、都会では発揮できなかった潜在能力に目覚めていきます。


『アメリカン・レポーター』は、「依存の世界（＝プロデューサーという安定した地位）」に身を置き、それ故に「服従の代償を支払う日々（＝ニュースの原稿書きという仕事はあるものの、生き甲斐を感じられない生活）」を過ごしていたヒロインが、ありのままの自分を求めて「秘密の世界（＝アフガニスタンという異国での生活）」を構築する物語です。

そういう意味では、承認欲求に重きを置いた典型的な『女性神話』の工程を辿る物語と言えるでしょう。


ところが面白いことに、具体的な物語の構成自体は、むしろ典型的な『男性神話』の流れを踏襲しています。

異世界で出会った「旅の仲間」と共に非日常の体験を繰り返すうち、日常世界で育まれてしまったコンプレックスである「恐怖心」を克服してゆく、その過程にこそ重きを置かれている。

つまりは「通過儀礼」の物語になっているのです。


カブールに到着したばかりのキムは逃げ腰で、平凡かつ安全な元の世界に戻りたがっていました。

しかし、物語が進むにつれ彼女は自信を身につけ、顔つきも精悍になっていきます。

この辺り、コメディエンヌとしてのいつものティム・フェイとはひと味違った芝居を見せていて、実に魅力的です。

ところで、男性神話を辿る物語の場合、ジャンルを問わず、中間部で必ずといって良いほど描かれる場面があります。

いわゆる「たき火を囲むシーン」です。

冒険の旅に出た主人公が、道中体験する苦難の数々。それらの体験を経て、主人公は「旅の仲間」と打ち解けていきます。

そんな彼らと主人公が、たき火を囲みながら食事をしたり、酒を酌み交わしたりすることで互いに「自己開示」をする場面、それが「たき火を囲むシーン」です。

本来の神話では、実際にたき火を囲む場面として描写されることが多いのですが、現代劇として再構築される場合は、同工異曲の何らかのアクションに置き換えられます。

スピルバーグの『ＪＡＷＳ』に於ける、沖合の漁船内で交わされる登場人物たちの「傷自慢」のくだりなどは典型的な「たき火を囲むシーン」の応用と言えるでしょう。

『アメリカン・レポーター』でも、魅力的な「たき火を囲むシーン」が出てきます。

現地コーディネーターのファヒムが結婚することになり、彼の結婚式に参列したキムとターニャ、そして現地で友人になった女性シャキーラの三人が酒を飲み交わす場面です。

このくだりでのキムの台詞がとても魅力的かつ重要なので、日本語吹き替え版から採録してみます。

○結婚式場・内（夜）

ファヒムをはじめ、親族たち、参列者たちが歌い、踊っている。

そんななか会場の隅の席で酒を酌み交わしているキム、ターニャ、シャキーラ。

三人ともすでにかなり酔っ払っている様子。

シャキーラ「……もう眉毛が繫がってこめかみまであるような男はイヤ！」
キム・ターニャ「（思わず笑う）」
シャキーラ「とにかく、みんな事情があってここにいる。あなたはなんで？」
キム「（フッと真顔になり）……」
ターニャ「そうよ。どんな理由？」
キム「（誤魔化すように）特に理由はない」
ターニャ「もう……シャキーラは繫がり眉の男はイヤだって話までしたのに」

キ　ム「いいでしょ？　たまたま来たのよ」
シャキーラ「教えて」
キ　ム「……」
ターニャ・シャキーラ「（キムの応えを待っている）……」
キ　ム「（仕方なく）……ニューヨークでは仕事の帰りにジムに寄って、エクササイズバイクを漕いでた。同じ自転車を毎日ね」
ターニャ・シャキーラ「……？」
キ　ム「だけどある日、自転車の前のカーペットにギザギザがあるのに気づいたの。それで、そこが〈元々自転車があった場所〉だって分かった」
ターニャ「（聴いている）……」
キ　ム「せっせと物凄い距離を漕いだのに後ろに下がってた。そう。文字通り後ろに進んでたの」
ターニャ「……」
キ　ム「それで、何もかもイヤになって辞めたくなった。全部。くだらないニュースの原稿を書く仕事も。それからちょっぴり鬱気味の恋人と結婚すべきかどうか悩むことにもね。というわけ」
ターニャ「……」
キ　ム「……もう、あのカーペットを見ていられなかった」
ターニャ「（共感の眼差しで見つめ）……」
キ　ム「（微笑みで応え）……」

シャキーラ「(ふいに) でも、それっていかにも白人のアメリカ人女性にありがちな話じゃない?」
キ　ム「(思わず苦笑)」
ターニャ「ちょっとやめてよ」
シャキーラ「事実でしょ?」
ターニャ「(キムに) もう吹っ切って! あなたはもう立派な海外特派員だし、カブールで9・5点の女なんだから。それにシングルだしね。だから、もうジムに通ってたあなたは消えた。生まれ変わったのよ」
キ　ム「(そんなターニャの気持ちが嬉しくて)」
小さく頷き、微笑むキム。

以上のくだりは「たき火を囲むシーン」としての機能を果たしているだけでなく、『アメリカン・レポーター』の「映画としてのスタンス」が明確になるとても重要な場面です。

この映画の目的はイラク戦争そのものを描くことではなく、あくまでもひとりの女性の心の成長を描くことである。

そんな作り手の意思表示が伝わってきます。

しかし、この意見にはやや違和感を覚えるひともいるでしょう。

率直なところ『アメリカン・レポーター』は、「女性主人公の成長物語」をシンプルに描くには、あまりにも難しいモチーフを選んでいると言わざるを得ません。

物語の背景は、2001年にニューヨークで発生した同時多発テロの後、ブッシュ大統領の指示の下、米軍がイラクへと侵攻し、その後対タリバン戦として拡大化していったアフガン紛争です。

その後、新たに大統領となったバラク・オバマが2011年に米軍を完全撤収させ、事実上の「イラク戦争終結」を宣言はしましたが、米軍が侵攻したことによる現地への影響はあまりに大きく、事実上未だ進行形の戦争と言えます。

そのような、極めてセンシティブな題材をモチーフにしているにもかかわらず、本作はイラク戦争を積極的に描くでもなく、中東に暮らす他民族との関係性や齟齬に「深く」焦点を合わせるでもなく、あくまでも「ひとりの従軍レポーターの成長過程」にのみ着目していきます。

もちろんそれ自体、べつに悪いことではありません。

しかし、その独特なアプローチこそが「映画としての本作のありよう」を一段難しいものにしているのは事実です。

たしかに、時にユーモラスに、時にシリアスに描かれるヒロイン・キムの動向は共感性も高く、一本の娯楽映画として考えれば非常に良くできていますし、見応えもあります。

一方で物語の設定上、キムの一挙手一投足をイラク戦争やアフガンの地元住民の価値観と分離して描くわけにもいきません。かといって、それらの関係性を掘り下げようとすると、過度に深刻な展開になりかねない。しかし、それは避けたい。

作り手がそのように考えるのは当然です。企画の主目的がそこにはないからです。

だからといって、実際の出来事をモチーフとして扱う以上、リアリズムをまったく無視して展開させるわけにもいきません。不誠実な印象を与えかねないからです。

この映画を観ている最中、過去に接したイラク戦争関連のニュース映像や一連の報道の記憶が生々しく蘇ってしまい、フィクションとしての世界観に浸りきれなくなるのを感じました（もちろん、そう望んでいたわけではないのですが）。

これは決してぼくだけのことではないはずです。おそらくアメリカ人の観客にとっては、より身近な記憶として蘇らざるを得ないでしょうし、その点に関して無責任な扱い方をされたら控えめに言っても良い気持ちにはならないはずです。

作り手は当然そのことに気づいており、結果として劇中のそこかしこに「誠実さは残しつつ、かといって深刻になりすぎないようにするための慎重な配慮」が施されています。

実はこの点こそが、本作を明確なコメディとして成立させ得なかった、つまりやや乱暴な表現を用いれば、「どっちつかずの作劇に終始せざるを得なかった」最大の理由ではないかと思うのです。

そう感じた最たる要因は、クライマックスの処理の仕方にあります。

後半、様々なエピソードを経たのちに「ある人物」がタリバンに拘束される、というかなりシリアスな展開が起こります。

その際、事態を解決するためにキムがとった手段や、海兵隊の対応、そしてそこから導き出される結果については、一部の（もしかしたら多くの）観客が疑問符を浮かべる可能性は否定できません。

端的に言うと、扱っているモチーフの割には「軽い感じがする」のです。

より正確に言うと、現実に比して「過度に楽観的な印象」を受けます。

中東の地でゲリラやテロ集団に拉致され、人質にされてしまう外国人。

そんな彼らを救出することが如何に困難なことか。また、もしも救出に失敗した場合、どのようなことになってしまうのか。

メディアが多様化し、インターネットが普及したことで、遠い地で起きている戦争や拉致事件もすぐさま映像で届けられてしまうご時世です。

知識やリテラシーが向上している分、「現実を想起させるエピソード」に対して、観客は敏感に反応せざるを得ません。

もちろん映画は総じてフィクションです（実話がベースであっても、映画的に再構築された段階でフィクション化せざるを得ません）。

とりわけ本作は娯楽映画ですし、主目的が「主人公の成長物語」にあるわけですから、その点に関しては「面白くするためのウソ」はいくらでもつけばいいとも思います。

ただし、いま現在、ハリウッドの伝統的な楽観主義による「成立するウソ」と「成立しないウソ」の境界線は、かつての時代とは比較にならないほど厳しく、また細い線の上に立っています。

観客をフィクションの魔法にかけるのはハリウッドのお家芸ですが、魔法が解けるか解けないかの「さじ加減」に関しては（少なくとも2010年代の現在に於いては）、細心の注意が必要です。

誤解のないように申し上げておくと、本作『アメリカン・レポーター』は、イラク戦争そのものを軽視しているわけでも無責任に描こうとしているわけでもありません。

単に掘り下げようとしない、それだけです。

普通は掘り下げたくなりそうなものですが、あえて掘り下げない。

このアプローチは、倫理的に絶妙なさじ加減が求められる難しい選択です。

仮に、ドタバタのスラップスティックコメディとして描いていたとしたら、それはそれで「皮肉」というブラックな笑いにも通じるアプローチですし、批評的にもなり得ます。

結果、逆説的な社会派作品として構築することも充分可能です。

でも、そうはしない。

ストレートなリアリズムや、誇張からくるアイロニーの可能性については十二分に理解し検討もしたうえで、あえてそこに過度な視点を向けないようにしているのですよ、というのが本作の基本的な姿勢です。

この点は賛否の分かれるところだと思います。

一方で、ちょっと視点を変えて考えてみると、こんなにもセンシティブな題材を扱いながら主人公の単なる成長物語として割り切った挙げ句、巨額の予算を掛けた娯楽映画として作ろうとする（そして実際に作り上げてしまう）ハリウッド映画界の懐の広さは、やはり無視できません。

そもそも、単に「自立する女性」を描くこと自体が企画の趣旨なのであれば、まったく異なる題材を背景にすることも充分可能なわけです。

実際これまでのティナ・フェイ映画は「都会暮らし」ならではの問題点をモチーフに同義のテーマを描いてきました。

ところが今回は趣向を変え、多くのリスクを背負ってでもイラク戦争やタリバンによる拉致という要素を選択したわけです。

その点にこそ、この映画の独自性がありますし、新味として評価すべき点なのかもしれません（成功しているかどうかは別問題ですが）。

そして、今回も自ら原作者に打診して映画化権を獲得したティナ・フェイにとっても、キャリアの新たな方向性を探るために必要なチャレンジだったのではないか、と推察します。

いずれにせよ、『アメリカン・レポーター』は娯楽映画としてはとても良くできており、劇場未公開にしておくのはもったいない良作なのはたしかです。

前述の「さじ加減」も含め、興味おありの方は是非ご自身の目で確かめてみてください。

それでは、次回またお会いしましょう。

10 幸せなのにどこか満たされない主婦たちが体験するひと晩のアドベンチャー

『大人の女子会・ナイトアウト』
MOMS' NIGHT OUT
2014年　アメリカ　99分
監督：アンドリュー・アーウィン／ジョン・アーウィン　脚本：ジョン・アーウィン／アンドレア・ガイアートソン・ナスフェル
キャスト：サラ・ドリュー／ショーン・アスティン／マーティン・フリーマン／パトリシア・ヒートン／トレイス・アドキンス　ほか
DVD 1,410円+税
発売・販売元：ソニー・ピクチャーズ エンタテインメント

今回ご紹介する作品は『大人の女子会・ナイトアウト』というアメリカ映画です。

タイトルとパッケージデザイン（着飾った3人の中年女性が闊歩する姿）を目にすると、『セックス・アンド・ザ・シティ』のような「男性客お断り！」的なセクシーコメディといった印象を抱くひとが多いかもしれませんが、まったくそんな映画ではありません。

たしかにコメディはコメディなのですが、子供から大人まで楽しめる（忙しい専業主婦の方なら、なお楽しめる）抜群に良くできたアドベンチャーコメディです。

一部では「女性版ハングオーバー」とか「主婦版ブライズメイズ」と紹介されることが多いようですが、両作よりも遥かに穏やかなテイストなので、「主婦版ベビーシッター・アドベンチャー」といったほうが表現としては適当かもしれません。

では、早速ですが、あらすじをご紹介します。

舞台はアラバマ州の州都モンゴメリー。

主人公アリソンは、愛する夫ショーンと可愛い3人の子供たちに囲まれて暮らす専業主婦です。

家庭は愛に溢れ幸せいっぱいですが、子供たちは3人ともまだ幼くとても手が掛かります。にもかかわらず頼りの夫・ショーンは出張が多く家を留守にしがちです。

日々家事と育児に追われるアリソンには休む暇もありません。そんな彼女にとって唯一の息抜きは「ブログを書く」こと。

ところが、新しい体験を積む時間が持てないアリソンは、次第に書くことがなくなっていきます。

そのせいか最近の記事は日常への不満や愚痴ばかり……。

ストレス解消のために始めたブログの更新が、むしろストレスになってしまうというのは実に皮肉な話です。

そんな自分に自己嫌悪を抱きつつ、良き妻、良き母であろうと笑みを絶やさず、明るく振る舞いながら懸命に暮らすアリソン。

無理をしている分、彼女は人知れず限界に近づいていきます。

例えば、かつてのアリソンは大の読書好きでしたが、子育てに追われ、もう何年も本を読む暇すらありません。

近所の読書会に赴き、参加者の話を聴くことで「自分も本を読んだような気分」を味わうくらいしか楽しみがないのです。

読書会を主宰しているのは、アリソンの1回り以上年上の友人・ソンドラ。

牧師の妻でもあるソンドラは常に笑みを絶やさず夫を支え、教会の仕事をこなしています。忙しい子育ての時期も無事に乗り越え、今やひとり娘は立派なティーンエイジャーになりました。ソンドラは、まさに完璧な良妻賢母です。

共に読書会に参加しているのはアリソンの小学校時代の同級生・イジー。幼い頃からイジーは明るく社交的で、今も昔も奥手のアリソンにとっては憧れの存在です。

しかも、イジーはアリソンの子供も預けている児童保育所の職員で、自身の子供だけでなく、二十人を超える子供たちを相手に懸命に働いています。

そんなふたりの頑張りに敬意を表しつつ、どこかでコンプレックスを抱いてもいるアリソン。どんなに彼女たちの真似をしようとしても、年の近い幼子を3人も抱えた生活に手一杯で余裕などないのです。

もっとちゃんとやらなきゃ。

家のことも、子供のことも、夫の仕事のサポートも、もっともっとちゃんとやらなきゃ、もっともっともっと……。

根っから真面目なアリソンはますます自分を追い込んでいきます。

ある夜、出張を終えたショーンが帰宅すると、家の中は真っ暗で灯りひとつ点いていません。しかも、玄関から廊下、キッチンから居間に至るまで物が散乱しています。

まるで泥棒にでも入られたかのようです。

やがて、ショーンはクローゼットの片隅で、ひとりノートパソコンの明かりをぼーっと見つめているアリソンを発見します。

訊けば、ソンドラに紹介された「ワシの親鳥が雛を育てるライブ動画」を見はじめたら、どういう訳か目が離せなくなったとのこと。

様子のおかしいアリソンにショーンは小さな花束を手渡します。母の日のプレゼントに、と買ってきたのです。笑顔で礼を言いつつも、アリソンは奇妙なことを口にします。

「母の日なんて二度と来なければいい」

「？」

「私、立派な母親になんかなれない。なにやってもダメ。なのにおめでとうなんて言わないで……」

「そんなことない。立派な母親だよ」

そう優しく言うショーンでしたが、アリソンにとっては何の救いにもなりません。彼女自身が自分を許せなかったからです。

アリソンは明らかに限界を超えていました。早急に息抜きが必要です。

ある日、アリソンはイジーとソンドラと共に「ある計画」を立てます。

夫も子供も抜きで、大人の会話と豪華なディナーを楽しむ「夜遊び」をしようというのです。アリソンの申し出にショーンは快諾。3人の子供の面倒を見ながらの留守番を引き受けてくれることになりました。

ようやく手にした自由な時間。何としても楽しまなきゃ！　アリソンの胸は高鳴ります。

夜遊び計画の当日、目いっぱいお洒落をし、喜び勇んで出かけたアリソンたちでしたが、思わぬトラブルに見舞われます。

事前にきちんと予約を取ったにもかかわらず、高級レストランを追い出されてしまったのです。これではせっかくの夜遊び計画が台無しです。

さらには留守番を頼んだショーンたちにも次々とトラブルが発生。

挙げ句の果てに、ショーンの妹であるブリジットの子供（赤ん坊）が行方不明になり、大騒動に発展。

なんでこうなるの？　たったひと晩、自由な時間を過ごしたかっただけなのに……。

仕方なくアリソンたちは夜遊びを返上し、必死に赤ん坊の捜索を開始します。

果たして彼女たちは、赤ん坊を無事救出し、素敵な夜を過ごすことができるのでしょうか？

この映画、とにかく展開がスピーディーで飽きさせません。

細かく張られた伏線が、思いがけないタイミングと意外な方法で回収され、そのことがまた新たな伏線を生み……次から次へとまるで転がるように展開していきます。

先ほど『ベビーシッター・アドベンチャー』のタイトルを挙げましたが、ほかにもマーティン・スコセッシ監督の『アフター・アワーズ』や、日本の矢口史靖監督、ＳＡＢＵ監督の初期作品等がお好きな方ならきっと楽しめるはずです。

さらに、この映画の魅力はそういった「展開の速さ」だけではありません。ストーリーとは別の部分で、いくつもの魅力がちりばめられています。

まずなんと言っても特徴的なのは、育児ノイローゼ気味のママさんブロガーである主人公・アリソンのキャラクター描写でしょう。

その点で一役買っているのがモノローグです。

モノローグは登場人物の「心の声」を表現する作劇手法です。

ナレーションと混同されることが多いですが、両者は根本的に質が違います。

例えば、何らかの物語で、主人公が笑っている場面があったとします。

そこに主人公の声が被さり、「あのときの私は、本当は悲しかったのです」となったら、それはナレーションです。

あるいは誰か別のひとの声で「そのとき、主人公は、本当は悲しかったのです」となった場合、これもやはりナレーションです。

ちなみに、こういった「画面に映っているひととは別のひとの声」で語られるナレーションのことを「神の声」と呼びます。

典型的な「神の声」のナレーションは、ＮＨＫの朝ドラや大河ドラマ等でよく耳にする手法です。

一方で、主人公が笑っている場面に、主人公の声で「本当は泣きたいけど、笑うしかないじゃない……」というような台詞が被さった場合は、ナレーションではなく、モノローグになります。

簡単に言うと、ナレーションは（話者が誰であるかに関わらず）映像に映し出された場面よりも未来の時制から語られるものを指し、モノローグは本人の声で現在進行形の内心を語るものを指します。

本作でのモノローグは、アリソンがブログに書き込む文言を主体に、彼女の「内心の想い」を表現するものとして使われます。

そのことが作劇上とても大きな効果を生んでいます。

端的に言うと、女性エッセイのようなリアルでナチュラルな表現を可能にしているのです。

具体的な場面を見てみましょう。

この映画の冒頭部はこんな感じで始まります（いつものように日本語吹き替え版からシナリオを採録してみます）。

○黒味の画面に
主人公・アリソンのモノローグが被さる。

アリソンのM「……さて、ブログの時間。（自らに言い聞かせるように）私は、ママブロガー。私は、ママブロガー……。今日も世界中のママたちに知恵を発信しよう。よぉし、行くぞぉ」

画面は一転し、
○アリソンの家・内（深夜）
暗がりのなか、ベッドに寝そべり、パソコンでブログをチェックしているアリソン。

やがてキーボードを打ちはじめる。

アリソンのM「読者3人か……。昨日は4人だったのに。（自嘲気味に）これって最高。でもダメ、読者が待ってる。朝の5時。みんなの子供たちはどこ？　ウチのはベッド。私も寝てたい。だって今日は「母の日」だもん。だけど起きなきゃ。なんでか分かる？」
○同・居間（早朝）
時間経過。まだ日も昇らない早朝。必死に掃除をするアリソンの姿。
アリソンのM「私は掃除マニア。どこもかしこも綺麗じゃないとおかしくなる。いっそのこと拘束衣を付けられて監禁されたい。土足厳禁の綺麗な部屋にね
家の中は子だくさんの家庭特有の汚れ方。」

おもちゃが散乱し、壁には悪戯書きの痕があり、床には食べこぼしや飲みこぼしが散見される。

鬼の形相で掃除に邁進するアリソンの姿、その点描。

テーブルの雑巾がけ、床掃除、窓ふき……等々。

アリソンのM「家が汚くなるのを感じ取ることができる。カーペットに神経が張り巡らされてるのかも。そのせいで悪いことが起きる」

アリソン、食器棚を開ける。

扉の内側に張られた「KEEP CALM MOMMY ON（冷静にママを続けろ）」の文字。

○同・寝室（朝）

時間経過。

ベッド上でパソコンに向かい、ブログを書き続けるアリソン。

アリソンのM「まずは注意散漫になる。注意散漫……」

アリソン、ふと何かを思い立ち、顔を上げる。

アリソンのM「あれ？　そういえば、ほらこれこれこれ！」

×　　×　　×

ふいにカットインされる洗剤ボトルのイメージ。
アリソンのM「置きっぱなしの洗剤を子供が飲んだら中毒事故管理局に連絡しなきゃって考えてる！」

×　×　×

ベッド上のアリソン。

アリソンのM「何度も連絡したから今度こそ子供たちを連れてかれちゃう！」

不安に襲われていくアリソン。その表情。

○同・玄関先（アリソンの妄想／朝）

FBI風のダークスーツ姿の男がふたり、玄関ドアを開け入ってくる。

男「もう何回目ですか？　子供たちを連れて行きます」

○同・寝室（妄想明け／朝）

ハッと我に返り、キーボードを打ち続けるアリソン。

アリソンのM「全部分かってる。私ってやっぱりヘン？　注意散漫の後、ストレスを感じ、そして爆発する」

～中略～

アリソンのM「私って主婦版のハルクみたい。主人公はハルクになりたくないけど、変身しちゃう。私もそんな気分。子供は大好きだし、夫も愛してる。そうそう！　それにイケてるミ

ニバンもある！　最高の人生を生きてるはずなのに。なんで、こんな気分なんだろう
……」

アリソンのモノローグは、そのままブログの文言として書き込まれていきます。心の声を吐き出すようにキーボードを打ち続け、それらの「言霊」が音声となり、観客の耳にも届くというのが作劇上の仕掛けです。

この仕掛けがあるおかげで、本作は過度に深刻にならずに済んでいますし、コメディとしての「ほど良い非現実感」を作り出すことにも成功しています。

そもそもアリソンが置かれている状況や心境は、描き方によっては相当深刻なイメージにもなりかねません。リアリティを重視するタイプの作品ならいいですが、『大人の女子会・ナイトアウト』の世界観には合いません。

ちなみに、脚本学校などではナレーション、モノローグ、回想シーンの3つを禁止するところがあります。

主人公が何を考えているのか、どういった状況下にいるのか、過去に何が起きたのかなどが簡単に説明できてしまうため、安易な手法だとされているからです。

たしかに、この定義は間違っていません。

新人や脚本家志望者、つまりまだ脚本を書き慣れていないひとは、なるべく前述の3つの手法を使わずに物語を進める技術を身につける必要があります。

一方で、必ずしも全面的に否定されるべき手法とは言えない部分もあります。

特にモノローグは「女性的な感性で物語を展開させようとする」場合、的確に使うことさえできれば、大きな効果が得られます。

とりわけ本音と建て前の違いや、顔で笑って心で泣いて、というような二重心理を描く際には、かなり効果的です。

女性が主人公のアメリカ製のドラマでは頻繁にモノローグが登場しますし、日本でも記憶に新しいところでは、沢尻エリカさんが主演したコメディドラマ『ファーストクラス』で印象的なモノローグの使われ方をしていました。

ほかにもこの映画には魅力的な特徴があります。

登場人物の、特に夫婦関係の描き方がとにかく丁寧で、リアルなのです。

例えば前半部に登場する、ある場面。

珍しく仕事が休みで家にいるショーン。子供たちもおとなしく穏やかな時間が流れています。

そんなとき、アリソンがふと呟きます。

アリソン「私が夢見てたのは、これ」
ショーン「？」
アリソン「（遠い目になり）……ママになりたかった。ステキな人と出会って、結婚できたし（と微笑う）」
ショーン「（微笑み返し）……」
アリソン「可愛い子供を産んで育ててる。全部叶った。なのに……なんでかなぁ？　夢にまで見た生活を送ってるはずなのに、」
ショーン「？」
アリソン「幸せじゃない」
ショーン「（予想はしていたが）……」
アリソン「どうしちゃったんだろう」
ショーン「（ため息）分からない」
アリソン「私、酷いよね」
ショーン「いや、そんなことはないさ」
アリソン「疲れちゃった」
ショーン「……」
アリソン「ごめん」
ショーン「謝らなくていい。ごめんとか言うな」

アリソン「……」
ショーン「(悪気もなく) アリソン、自分の時間を持たなくちゃダメだよ」
アリソン「(その発言に、フッと違和感がよぎる) ……」
ショーン「好きなことしたりさ、それができるのは自分しかいないんだからさ、」
アリソン「(苛立ち) ショーン、」
ショーン「(聴いていない) まぁ、そういうことって後回しにしがちだけど、」
アリソン「(語気を荒らげ) ショーン、私」
ショーン「(驚き) え、なに?」
アリソン「(ため息をつき) 私、お説教なんか聞きたくない」
ショーン「なんでこれがお説教なんだよ? 君と会話してるだけだろ?」
アリソン「そんなこと言われても今は何もできないし、」
ショーン「それに、君の話もちゃんと聴いてる」
アリソン「(うんざりと) 分かってる分かってる聴いてくれてる!」

ふたりの様子から、こういったやりとりはこれまでにも何度か繰り返されてきたことが分かります。

アリソンからすれば、ただ黙って想いを聴いてほしいだけなのに、ショーンはその想いを推し量ることができず、さらに悪気もなく「問題を解説し、論理的な解決策を提示して」しまう。

国籍や人種に関係なく、このように女性の気持ちが分からない男性は多く存在します。

ショーンはその典型です。しかし、だからといって彼は決して悪い男ではないのです。

実際、ショーンの「共感力に欠けた〈男の子的で〉無邪気な感性」が中盤以降の物語を大きく動かしていきます。

いずれにせよ、こういった場面で描かれるアリソンの「女性ならではの」そして、「専業主婦ならではの悩みや苦しみ」は、同じような環境にいる女性の多くが共感できるものなのではないでしょうか。


この複雑かつ繊細な脚本を書いたのは、アンドレア・ナスフェルというアメリカ人の女性脚本家です。

主にコメディやヒューマンドラマを得意とする彼女は、1999年、牧場に暮らす家族を描いた小品『Flying Changes』でデビューし、その後もコンスタントに作品を発表してきました。

2016年現在までに、本国での劇場公開作品が7本、テレビムービーとオリジナルビデオ作品がそれぞれ1本ずつ、と計9本の長編で脚本を担当しています。

本国ではそれなりに評価され、脚本家としての地位も確立しているナスフェルですが、ほぼすべての作品が日本では劇場未公開はおろか、ソフトリリースもされていません。

今回の『大人の女子会・ナイトアウト』が本邦初上陸ということになります。


ナスフェル脚本の大きな特徴は、前述のような女性ならではの心情表現はもちろん、登場人物の想いが細やかに、かつ明確に変化する瞬間を「台詞を交えて捉える」うまさにあります。

例えば、夜遊び計画を実行したものの、高級レストランを追い出されてしまったアリソンたちが、なりゆきでボウリング場に行くことになるのですが、そこでゲームの合間にソンドラと交わされる会話は絶妙です。

○ボウリング場・内（夜）

見事ストライクを獲ったソンドラが座席に戻ってくる。
入れ替わりにレーンに向かうイジー。
アリソンと対峙するソンドラ。

ソンドラ「良い思いつきだったわね、結構楽しい」
アリソン「……ねえ、レストランであんな態度を見せてしまってごめんなさい」
ソンドラ「？」
アリソン「あの時は大爆発しちゃって……なんだか最近どんどん自分を抑えられなくなってきてる」
ソンドラ「平気よ。爆発することは誰にだってある」
アリソン「爆発は今週5回目なの」
ソンドラ「みんなだって同じ」
アリソン「ホントに？」
ソンドラ「ええ」

アリソン「でも、あなたが爆発するとこなんて想像できない」
ソンドラ「(フッと表情が曇り)……ブログは順調なの?」
アリソン「ああ、ブログね　まぁまぁ……そうね、」
ソンドラ「?」
アリソン「(言いづらそうに)あんまり、順調じゃない」
ソンドラ「どうして?」
アリソン「なんか……価値あることが書けなくて」
ソンドラ「そんな……」
アリソン「パソコンに向かうんだけど、気づくとワシの動画を見てるの。あの動画のことを私に言ったせい(と微笑う)」
ソンドラ「(微笑み返し)夫もバカにしてくる」
アリソン「見始めると目が離せなくなるの」
ソンドラ「そうでしょ!」
アリソン「中毒性があるみたい。なんでだろうソンドラ。ただ、あのワシ、子供に……尽くしてる。なんていうか、平和に満ちてて、幸せそうで……(不安げに)あなたは?」
今のアリソンはすっかり自信を失っている。そのことが手に取るように分かるソンドラ。落ち着いた口調で話し始める。
ソンドラ「いい?　アリソン。良い場所に車を駐車したって幸せになれない」

アリソン「(小さく笑い)……」
ソンドラ「それに、神さまは私たちの問題を消してはくれないわ」
アリソン「(聴いている)……」
ソンドラ「自分で意味や目的や歓びを探すことこそが人生よ。忙しい毎日の中でね。忘れちゃダメよ。神さまは良いときも悪いときもそばにいてくださる。私は信仰に支えられてる。でもいつも幸せかって？　そんなのおとぎ話」
アリソン「(勇気づけられ)……」

イジーがボールを投げ終えたようだ。

アリソン「……順番」
ソンドラ「ええ」

レーンに向かうアリソン。その背中に、

ソンドラ「……アリソン」
アリソン「なに？」
ソンドラ「今日は誘ってくれてありがとう」
アリソン「？」
ソンドラ「実は……教会に来るひとがこういう遊びに誘ってくれたのは、5年ぶりのことなの」
アリソン「(微笑って)当然よ」

そんなやりとりが交わされていたことを知らずにイジーが来る。

イジー「さぁ、投げて」
アリソン「私ね？　投げちゃうよ！」
　アリソンと入れ替わるように席に着き、ソンドラと対峙するイジー。
イジー「（深刻な面持ちになり）聞かせてほしいの、アドバイス」
ソンドラ「（パッと笑顔になり）もちろん」
イジー「友だちの話なんだけど、旦那さんが頼りなくて子育てに奮闘してるらしいの。でも彼女、相手に強く言えなくて……」

これはとても繊細で良いシーンです。

日ごろから完璧な良妻賢母に見えるソンドラは、誰からも頼られていて、まるでカウンセラーのようにすぐに相談に乗ってくれます。

しかし、そんなソンドラにも当然悩みはあり、人知れず孤独を感じたり、無力感に苛まれることだってあるはずです。

アリソンはソンドラの言葉に勇気づけられましたが、一方で「夜遊び計画」に誘ってもらったことで実はソンドラも救われていた。短いやりとりのなかで、アリソンとソンドラの距離が近づく様を、ナスフェルは少ない台詞と的確なやりとりで品良くサラリと描いてみせます。

この「ふたりの近づき方」が「劇的すぎない」ところに、彼女のセンスの良さを感じます。

おかしな言い方かもしれませんが、先のシーンは、ふたりの距離が7センチに縮まるのではなく、7センチ分だけ縮まった。そんなシーンです。

人物同士の距離感が7センチに縮まる場面というのは、分かりやすく派手なので見栄えがするものですが、案外簡単に描けるものです。

むしろこういった「7センチ分だけ縮まる場面」のほうが表現も繊細になりますし、観るひとによっては読み解きづらい感情の変化にもなりかねません。


さらにナスフェルは「距離が縮まったところ」でシーンを終わらせず、アリソンに対して正直に想いを話すことで「他人にはあまり見せてこなかった弱さ」を開示したソンドラが、そのことで自分らしさを取り戻す様を、さらにそんなやりとりが交わされたとは知らないイジーが相談してきたときには、再び「いつも通りの頼りがいのあるソンドラ」に戻ってアドバイスを心がけてゆく姿を見せてシーンを終えています。

ひととひととの関わり合いが変化や成長を促す。その事実の重要性とポジティブな連鎖が発生する瞬間を、たったワンシーンで一気に見せ切るナスフェルの手腕は見事です。


ところで先のシーン。

ソンドラの台詞のなかに「神」や「信仰」という表現が出てきたことに少し戸惑われた方がいるかも

しれません。

実はこれらの表現は、本作のもうひとつの特徴でもあります。

物語の舞台になっているアラバマ州はキリスト教徒の多い、いわゆる「バイブル・ベルト」と呼ばれる地域の中央部に属しています。

バイブル・ベルトはアメリカの中西部から南東部にかけた複数の州にまたがる地域のことを差すのですが、プロテスタント、キリスト教根本主義、南部バプテスト連盟、福音派などが熱心に信仰されていて、いわば地域文化のひとつとなっています。

特にアラバマ州の場合、州民の約58％が定期的に教会に通っているため、米国内でも最大級に信仰の厚い州だと言われてきました。

そういった背景もあって、本作『大人の女子会・ナイトアウト』にもキリスト教にまつわる台詞が頻繁に登場します。

もしかしたら、多少身構えてしまう方がいるかもしれませんが、ご安心ください。

特別な知識がないと観ていて分からなくなるような作りにはなっていませんし、物語を展開させる上で「過度に宗教的なエピソード」も出てきません。

これはわざわざエピソードとして描くまでもないほど州民の心得の基本である、という解釈がアメリカ国民の間で共有されているためかもしれませんし、国内外の幅広い市場を意識して制作されるハリウッド映画ならではの「ゆとり」なのかもしれません。


最後に、もうひとつ。

本作をご覧になる際は「日本語吹き替え版」での鑑賞をお薦めします。

前述したようにモノローグが頻繁に出てきますし、そもそも台詞が多いからというのもありますが、理由はそれだけではありません。

主人公アリソンとその夫ショーンの声をアテているのが、日髙のり子さんと三ツ矢雄二さんなのです。


アラフォー世代以上の方はピンと来たかもしれませんね。

このおふたりは80年代に大ヒットしたあだち充さん原作のアニメ『タッチ』で、主人公の浅倉南と上杉達也を演じた声優さんです。

もしも南ちゃんと達っちゃんが結婚して子宝に恵まれたら、案外こんな夫婦になっていたりして……という愉しみ方もできてしまう。日本語吹き替え版の制作スタッフによる粋な遊び心が感じられます。

実際、おふたりの「声の芝居合戦」はかなりノリノリで聴いているだけで楽しくなります。

『大人の女子会・ナイトアウト』は上映時間も90分台と短く、気軽に楽しんで観ることができる良質な娯楽映画です。

どなたにも推薦できますが、とりわけ日ごろ忙しく過ごされている専業主婦の方にはお薦めです。

タイトルやパッケージが醸し出すイメージで「私とは関係のない映画かも……」と思われるかもしれませんが、むしろ「あなたのための映画」かもしれません。

お時間があるときに、是非レンタルビデオ屋さんで手に取ってみてください。

では、次回またお会いしましょう。

11

80年代スラッシャー映画の世界に入り込んでしまった現代女子高生の大活躍！

『ファイナル・ガールズ 惨劇のシナリオ』
The Final Girls
2015年　アメリカ　91分
監督：トッド・ストラウス＝シュルソン
脚本：M・A・フォーティン／ジョシュア・ジョン・ミラー
キャスト：タイッサ・ファーミガ／マリン・アッカーマン／アダム・ディバイン／トーマス・ミドルディッチ／アリア・ショウカット　ほか
DVD 1,280円＋税　発売・販売元：ソニー・ピクチャーズ エンタテインメント

ホラー映画は不動のジャンルだと言われています。

映画創成期に発明されて以降、手を替え品を替えしながらも、常に若年層の観客を中心に一定の人気を博しており、決してなくなることがないとされているからです。

そんなホラー映画の、さらに細分化された一ジャンルに「スラッシャー映画」と呼ばれる作品群があります。

スラッシャー映画の多くは「キャンプ場などに集った若者たちが謎の殺人鬼によって次々と殺されていく」という平坦で単調なストーリーを軸に展開していきます。

１９８０年代に生み出され（原典は60年代まで遡りますが）、加速度的に普及しつつも瞬く間に収縮していったこの「特殊ジャンル」は、映画史的に顧みられることがほとんどなく、またその価値もないとされてきました。

ドラマ性が希薄で、若い女性の裸と殺戮シーンを彩る残虐な特殊メイク以外に、これといった見所が

ないからです。

実際、無名の若手俳優が演じる無個性なキャラクターたちが、他愛ない（展開上さして意味のない）会話を繰り返し、仲間同士で悪ふざけをしていたり、木陰でセックスに興じたりしているといきなり殺されてしまうという定型構造は、「人物の葛藤や成長物語」が入り込む隙を与えません。

希にわずかばかりのキャラクタードラマが描かれることはあっても、あらかたは、中途半端なまま斧や鉈で頭を叩き割られて終了です。

ようするに、いつどこから始まっても、またいつどこで終わってもよさそうな、実に締まりのない構造を有しているのがスラッシャー映画なのです。

しかし、そんなスラッシャー映画を結末に導くために欠かせない存在がいます。

それが「ファイナルガール」と呼ばれる、このジャンル特有の主人公です。

仲間たちが次々と殺されるなか生き残り、たったひとりで殺人鬼と戦い、最終的に駆逐するという、それなりに重要な役割を担うファイナルガール。

大抵の場合、品行方正で処女性が高く、誰からも好かれるような性格である一方、とりたてて個性のない、言ってみればちょっとつまらない人物として設定されています。

もちろん主人公だからといって、ファイナルガールだけが特別に「明確なドラマや成長物語」を与えられることはまずありません。

スラッシャー映画はどこまで行ってもスラッシャー映画なのです。


今回取り上げる劇場未公開映画『ファイナル・ガールズ 惨劇のシナリオ』は、その名の通りファイナルガールを主軸に据えた珍しい作品です。

80年代スラッシャー映画への偏愛と敬意に満ちているだけでなく、意外なほどしっかりとしたドラマ性があり、たくさん笑えてちょっぴり泣けるお得なホラーコメディに仕上がっています。

ビデオ屋さんの棚に埋もれさせておくのはあまりにもったいないので、この機に是非紹介させてください。

まずはあらすじです。


アメリカの田舎町に暮らす女子中学生マックス・カートライトには悩みがありました。

家庭は貧しく生活は困窮。滞納中の電気代を支払うには、なんとか家計をやりくりし、お金を捻出しなければなりません。

いたいけな中学生がこんなに悩んでいるというのに、親は何をしているのでしょうか？

実はマックスは母子家庭で、母親のアマンダは売れない女優をしています。

美人でセクシーで気立ての良いアマンダですが、残念ながら女優としての才能はなく、オーディションは落選続き。

生活費はパートで手にした僅かな賃金で賄うしかありません。

アマンダが「それなりの役」を演じたのは1980年代のこと。今や遥か昔です。

しかも、その「それなりの役」というのは、『血まみれキャンプ場』というタイトルのスラッシャー映画で演じたファイナルガール……ではなく、ファイナルガールにすらなれない「3番手の殺され役」ナンシーです。

そんな頼りない母親のアマンダですが、娘のマックスのことは心から愛しており、母子関係は良好です。よく親友同士のような母子という表現がありますが、彼女たちの場合はまるで姉妹です。

といっても、頼りない母アマンダが妹で、しっかり者の娘マックスが姉といった感じですが……。

そんなある日、突然の悲劇が母娘を襲います。

ふたりで車を走らせていた最中、マックスのふとしたミスがきっかけで交通事故が発生。彼女は軽いケガで済みましたが、運転していた母・アマンダが帰らぬ人となったのです。

それから3年の月日が流れ、マックスは高校生になりました。

親戚の資金援助もあり滞りない学園生活を送っていましたが、ひとつ問題がありました。

マックスは成績が悪いのです。このままでは落第は免れず、卒業も危ぶまれる状況です。

勉強に身が入らないのは彼女が不真面目だからではありません。

3年前の事故のことが忘れられないのです。

母親を死なせてしまったのは自分なのではないか。

あのとき、自分がミスを起こさなければ母親は死なずに済んだのではないか。

そんな想いがマックスの生活から光を奪っていきます。

奇しくも今日は母の命日。いつにも増してマックスは心を曇らせます。

そんなとき、悪友のひとりで映画オタクのダンカンが、思いがけない話を持ち込んできました。

地元の映画館で旧作ホラー映画のオールナイトが開催されることになり、亡き母アマンダが出演した『血まみれキャンプ場』も上映されるというのです。

ダンカンは「出演者の娘」が知り合いとあって、映画館側と勝手に交渉。マックスをゲストに連れて行く、と宣言してしまったと言います。

もちろんマックスは気乗りしません。

よりにもよって命日に、自らの過失で命を落とした（と感じている）母の姿を大スクリーンで見つめ続けるだなんて……。

ところが狡猾な面のあるダンカンは、マックスの弱点を突いてきます。

「授業のレポートはぼくが全部肩代わりしてあげる。学校を卒業したいと思わない？」

マックスはダンカンの申し出に乗るしかありませんでした。

その夜。満員の映画館で、『血まみれキャンプ場』の上映がスタート。

いかにも80年代的な「ダサくて大袈裟で大らかな」スラッシャー映画の展開に、若い観客たちは大盛り上がりです。

片や、客席で静かにスクリーンを見つめていたマックスは、居心地の悪い思いをしていました。こんなところにいたくない。一刻も早くこの場から立ち去りたい。そんな感情がマックスの胸中を支配していきます。

ところが、画面にひとりの少女が映し出された瞬間、マックスの表情が変わります。

若き日の母・アマンダが演じたナンシーが登場したのです。

ファイナルガールにすらなれない「3番手の殺され役」であるナンシーは、明るく元気で少しのんびりした感じのする女の子。

この先、殺人鬼に殺されるとは夢にも思わず、キラキラと瞳を輝かせています。

現実の世界では死んでしまったお母さんが、映画の中では生きている……。

スクリーンを見つめていたマックスにも、自然と笑みがこぼれます。

ところが次の瞬間、思いがけない事態が！

マナーの悪い観客のせいで火災が発生したのです。炎は瞬く間に広がり、観客席は火の海と化してしまいます。

観客たちは大パニック。もはや映画どころではありません。

マックスも、ダンカンやほかの友人らとともに逃げようとしますが、炎に阻まれてうまく脱出できません。阿鼻叫喚のなか上映が続く『血まみれキャンプ場』は明らかに場違いです。

スクリーンの向こう側にある非常口から逃げられるかもしれない！

一行は壇上に駆け上がります。

仲間のひとりがナイフでスクリーンを切り裂き、マックスらは次々と、まるで『血まみれキャンプ場』の画面に吸い込まれるように、分け入っていきます。


次の瞬間、マックスたちに異変が起こります。

今の今まで暗闇の映画館にいたはずなのに、どういうわけか昼間の森の中にいるのです。


辺りを見回すと、まるでそこはキャンプ場……これってまさか⁉

そう、マックスたちは『血まみれキャンプ場』の「映画の中の世界」に迷い込んでしまったのです！


途方に暮れるマックスたちの目の前に、やがて『血まみれキャンプ場』の登場人物たちが現れます。

目の前にいるナンシーは若き日の母そのものです。

もう二度と会えないと思っていたお母さんが目の前にいる……。

感動の再会に、マックスはこみ上げる涙を抑えることができませんでした。

しかし、彼女は重要なことを見落としています。

そこが「映画の世界」である以上、殺人鬼もまた近くに潜んでいるということを……。

ここまでおよそ22分。映画の第1ターニングポイントにあたるエピソードです。

その後、殺人鬼も同じ世界にいることを知ったマックスらは、なんとかして生き延びようと画策しはじめます。

しかし、ここは映画の中の世界。あらゆる出来事はシナリオ通りに進んでいきます。

案の定、『血まみれキャンプ場』の登場人物たちは、定められたストーリーに沿って殺害されていきます。ナンシーが殺されるのも時間の問題です。

「もう二度とお母さんを死なせたくない……!」

そう考えたマックスは「あるアイデア」を思いつきます。

もしも、決められたシナリオとは違う展開を起こせたとしたら。

つまり、私がここでナンシーの命を救うことができたとしたら。

彼女は「3番手の殺され役」から「ファイナルガール(殺人鬼を倒し、生き延びる存在)」へと昇格できるかもしれない!?

意を決したマックスは、亡き母の化身であるナンシーに「すべて」を打ち明けます。

果たして彼女はどんな反応を見せるのでしょうか?

そして、マックスとナンシーは「80年代スラッシャー映画の世界」で生き延びることができるのでしょうか?

当初はスラッシャー映画についての「メタ的でやや批評的でもある物語」として展開していた本作は「映画の中に入る」というフィクショナルなアイデアを用いたことで、劇的なジャンルシフトを起こします。

結果、物語は大きく転換し、タイムスリップ物のような「運命を変える物語」としての軌道を獲得。クライマックスに向けて一気に加速していきます。

脚本を担当したのは、M・A・フォーティンとジョシュア・ジョン・ミラーのコンビです。

彼らは、『スクリーム』や『プラネット・テラー』で知られる女優、ローズ・マッゴーワンが2014年に監督した短編映画『Dawn』で共同脚本を務めたのち、映画会社に『ファイナル・ガールズ 惨劇のシナリオ』の企画を持ち込み、見事映像化を実現させました。

そのためふたりは本作で脚本を担当しただけでなく、制作総指揮も兼ねています。

ところで、ジョシュア・ジョン・ミラーという名前を目にして「あれ、どっかで見たことあるぞ」と感じた方は、相当な80年代ホラーマニアかもしれません。

彼は基本的には俳優です。

のちにアカデミー賞監督にまで上り詰める女流監督、キャスリン・ビグローのデビュー作『ニア・ダーク／月夜の出来事』で、印象深い「生意気な子供のバンパイア」を演じたのがジョシュア・ジョン・ミラーでした。

その後も『処刑教室』の続編『クラス・オブ・1999』やジャン＝クロード・ヴァン・ダム主演のアクション映画『ブルージーン・コップ』など、数多くのジャンル映画に出演しています。

ちなみに彼のお父さんは『エクソシスト』でダミアン・カラス神父を演じたジェイソン・ミラーです。そして異母兄にあたるのが、『レッドアフガン』や『スピード2』の主演で知られるジェイソン・パトリック。

幼いころから映画づくりや俳優の仕事に触れる機会が多かったからこそ、ジョシュア・ジョン・ミラーもまた、演者としても脚本家としても優れた能力を身につけられたのかもしれません。


監督はトッド・ストラウス＝シュルソン。

韓国系とインド系移民のアメリカ人青年コンビを主人公にして大ヒットしたコメディ映画『ハロルド&クマー』シリーズの第3弾『ハロルド&クマー　クリスマスは大騒ぎ!?』が唯一日本で紹介された作品（といっても劇場未公開なうえに未ソフト化で、WOWOWでのオンエアのみ）ですが、決して新人ではありません。

本国では大量のテレビムービーを手がけ、すでに一定の地位を確立している「コメディを得意とする監督」です。

本作でも、ホラーと活劇とコメディの3要素を絶妙なバランス感覚で捌いていきます。

主人公マックスを演じたのはタイッサ・ファーミガ。

彼女は『マイレージ・マイライフ』などで知られる実力派女優ヴェラ・ファーミガの妹で、ハリウッド期待の若手女優です。

2014年に公開された『記憶探偵と鍵のかかった少女』で演じた拒食症の少女役は、日本でもかなり話題になったので、彼女の特性は「大人を翻弄する無垢な妖艶さ」にある、と感じているひとが多いかもしれません。

しかし、ああいったテイストの演技は「巧まざるもの」でしかありません。

撮影時に彼女がまだ17歳だったのと、女優としての経験値が少ないが故に生まれた「奇跡」のようなものです。

『記憶探偵と鍵のかかった少女』での彼女は、演技力という意味では、未知数という印象が拭えませんでした。

一方、本作のマックスという役柄は求められるものがまったく逆です。

ファーミガの実年齢に近い、年相応の「現実感のあるリアルな感情」をベースに、シリアスとコメディの振り幅を「シーンごとに設定された的確なサイズ」に収めていくことが、今回の彼女に問われる「演技の質」と言えます。

マックスは一見簡単そうで、実は意外と難しいタイプの役柄です。キャラクターの内面を掴み、本人の感情でカバーするというよりも、演者としての的確な技術が求められるからです。

まだ経験の浅いファーミガにとっては、大きな挑戦だったに違いありません。

実際、見ていて若干不安を感じる場面（演技が覚束ない場面）があるのは、残念ながら事実です。特にひとりの場面になると芝居が持たず、シーン自体が弛緩してしまっている印象は拭えません。

そこで重要になってくるのが、共演者との掛け合いです。

相手のリアクションが得られることで、さらなるアクションやリアクションのヒントが手に入りやすくなるからです。


今回、ファーミガの不慣れさをカバーするだけでなく、的確にポテンシャルを引き出しているのは、同世代の共演者たちではなく、母親のアマンダと劇中劇のナンシーの2役を演じたマリン・アッカーマンです。


彼女は『ウォッチメン』のシルク・スペクター役で有名ですが、元々はモデルで雑誌やCMの経験を多く積んだのち女優に転向しました。

2008年の『幸せになるための27のドレス』で、キャサリン・ハイグルの妹役を演じたことで一気に注目され、その後はラブコメ、メロドラマ、スリラー、アクションなど多方面のジャンル作品で活躍しています。ようするに、技術力の高い女優ということです。

前半の、アマンダとして演じた「車中での会話シーン」はもちろんのこと、中間部でのナンシーとして演じた「マックスとの距離が7センチ分縮まるシーン」は、ほとんど何もしていないように見えながら、実際は驚くほど的確にファーミガの芝居を引き出すことに成功しています。

今作でのアッカーマンの白眉は、クライマックス直前に登場する「マックスとの距離がいよいよ7センチに縮まるシーン」での「ある動作を交えた視線の芝居」でしょう。

詳しくはネタバレになるので控えますが、「あの場面」は、技術に乏しいファーミガが自身の感情を使って役に入り込みすぎてしまった場合、シナリオの意図とズレた重すぎるシーンにもなりかねない、という非常に難しい局面です。

そのためシーンの成否は、ファーミガ自身ではなく、共演者であるアッカーマンの〈芝居の質〉にかかってきます。

あの場面で彼女が表現した「ある動作」自体は、実はいくらでも誇張ができるもので、シーンを軽くすることは充分可能です。

かといって、その面白味のみを追求すると「カタチの芝居」になってしまいます。片や誇張を抑え、芝居を引き算しすぎると、ファーミガのリアクションがシリアスに傾きすぎる危険性がある。

最終的にアッカーマンは、驚くほど的確なバランスで「両方の要素」をブレンドすることに成功。さらには「立ち位置の距離感」を活かした「視線の芝居」でファーミガを主人公として引き立てていきます。

この場面のふたりの「眼差しのカットバック」は本当に素晴らしく、その後に続くクライマックスへの高揚感を増幅させています。

是非DVDなどで直接ご覧になり、確認してみてください。

ところで、この映画の本質的な魅力とは何なのでしょう?

そもそもの企画の着眼点と、スラッシャー映画に対する眼差しの誠実さだとぼくは思います。

一部のマニアにしか分からないような「偏狭な小ネタ」に固執することなく、かといって物語を都合良く進めるための「単なる借り物」としてスラッシャーの要素を使うでもなく、むしろ、スラッシャー映画という、もはや消え去ってしまった文化がそもそも持ち得ていた「映画の内側と外側に存在するふたつの要素」をドラマに活かしていく。

その点に挑戦したことこそが本作最大のオリジナリティであり、チャームではないかと思うのです。

具体的には「どんな登場人物でも生きた人間である」ということ。
そして「どんなにつまらない役柄でも、その役を演じているのは生きた俳優である」という2点です。

前者については、第2回で『ザ・サンド』を取り上げた際にも触れましたが、誠実なジャンル映画を作るにあたってこれは本当に重要な理念です。

人物の内面よりもストーリー構造の「型」が重視されがちなジャンル映画でこそ、作り手は意識的に向き合うべき要素だと、個人的には考えています。

今回の前半で申し上げた通り、スラッシャー映画というのは「登場人物の気持ち」に寄り添って観ようとすると、構造上の無理が生じやすくなるジャンルです。

また、スラッシャー映画の作り手は、そもそも意図的に「登場人物の気持ちに寄り添いづらく」作劇を構築するよう迫られる、という特性もあります。

というのも、よくスラッシャー映画に対して、「登場人物が〈こいつはバカ〉〈こいつはエロ〉〈こいつはドジ〉などと記号的に描かれていて、人間としてのリアリティがない」という批判を耳にしますよね。

ですが、実は多くの場合、あれは作り手がワザとそうしているだけなのです。

この点についても『ザ・サンド』の時に触れましたが、今回はもう少し深く掘り下げてみましょう。

スラッシャー映画の典型的なストーリーラインは「キャンプ場などに集った若者たちが謎の殺人鬼によって次々と殺されていく」という平坦で単調なものです。

そして多くの場合、このジャンルに求められている最大の要素は「若い女性の裸と殺戮シーンを彩る残虐な特殊メイク」です。

つまり、セックスをしたり、殺されたりする場面こそが出演俳優にとっても、役柄である登場人物にとっても「見せ場」になるわけです。

主観的に人物の内面を描くことができる小説とは違い、映画は客観的に人物を見せることで、彼らの内面を類推し、共感させようとする表現媒体です。

つまり映画作品の場合、感情移入が発生する経緯は「視覚を通じて発生する同情」をベースに組み立てていくしか手がないということです。

そんななか、本来は形骸化されているはずのスラッシャーの登場人物たちが、観客にとって「過度に共感できる人物」として構築され、ごく普通に「同情からの共感」を得てしまうと、何が起きてしまうのか？

いざ「その人物」が殺人鬼に惨殺される場面になったとき、観客は間違いなく心痛を覚えるはずです。その結果、スラッシャー映画を娯楽として楽しめなくなります。

ところが、その心痛を覚えかねない「登場人物が惨殺される場面」こそがエンタメとしてのスラッシャー映画にとって最大の売りなのです。

ここには大きな矛盾が横たわっています。

観客は、登場人物が「すでに感情移入してしまっている〈=よく知っているひとになってしまっている〉」と、その後の展開に対する集中力や洞察力が上がりますから、本来的に考えれば「人物の葛藤や成長物語」が呼び込まれやすくなるので好都合です。

ところが、「すでに感情移入してしまっている〈よく知っているひと〉に彼らをしてしまうと」ジャンルとしての構造も、理想とされる感情作用（=登場人物の惨殺シーンを表層的に楽しむ）も成り立たなくなってしまう。

やはりどう考えても矛盾していますよね。

その矛盾を解消するため、また鑑賞中に観客の心痛や後ろめたさ、殺人鬼に対する過度な怒りや苛立ちなどの不快情動が発生しないようにするために、と仕組まれるのが「登場人物を記号として意図的に描くこと」です。

こいつはエロ、こいつはバカ、こいつはドジなどと誇張し、意図的に浅く紹介することで、観客に共感意識を芽生えさせないようにする。

これこそがスラッシャー映画独自の「人間の描き方」なのです。必然的に「成長物語」が入り込む余地はなくなります。

映画史的に見ても、非常にクセのある独特なジャンルで、一般の観客はおろか、プロの作り手にとっても、なかなか面白味が伝わりづらい考え方ですよね。

次に「どんなにつまらない役柄でも、その役を演じているのは生きた俳優である」という点についてです。実在するスラッシャー映画を例に考えてみましょう。

代表格でもある『13日の金曜日』に先駆けること2年、ジョン・カーペンターが1978年に発表した映画『ハロウィン』でファイナルガールを演じたジェイミー・リー・カーティスは、のちに大スターになりました。

また、80年代を代表するもうひとつのホラーシリーズ『エルム街の悪夢』の第3作『エルム街の悪夢3／惨劇の館』のファイナルガールは、これまたのちにスター女優になるパトリシア・アークエットが演じていました。

ほかにも『悪魔のいけにえ』の事実上のリメイクでもある第4作『悪魔のいけにえ／レジェンド・オブ・レザーフェイス』でファイナルガールを演じていたのは『ブリジット・ジョーンズの日記』シリーズでおなじみのレニー・ゼルウィガーです。

そう考えると現実のスラッシャー映画に登場したファイナルガールは、演じる女優たちにとって比較的出世率の高い役柄のようにも思えてきます。

しかし、本当にそうでしょうか？

数え切れないほど大量に制作されたスラッシャー映画群のなかで、のちに大成した女優たちはごくごく少数です。

ファイナルガールを演じはしたものの、その映画一本でキャリアが止まってしまった女優は星の数ほどいます。

というよりも、ほぼすべての女優が「たった一度のファイナルガール体験」を終えると仕事がなくなるのです。

ファイナルガールですらそうなのですから、本作のなかでマックスの母親のアマンダが演じたような「3番手の殺され役」を演じた女優たちのその後は、推して知るべしです。

たとえ世界中のスクリーンで上映され、その当時の若者たちを熱狂させたとしても、今となっては誰ひとり、彼女たちの顔も名前も覚えていない。

そんな「現実世界のアマンダ」は大勢存在します。

きちんとした劇場公開作品に出演したにもかかわらず、何故そんなことになってしまうのか？　不思議に思われる方もいるでしょう。

簡単に言うと、本作でのナンシーのような「3番手の殺され役」には、これといった「芝居場」が与えられていないのです。

だからこそ、役柄の感情の変化が描かれず、観客の感情の変化にも繋がらない。

映画に限らず、感情の変化を実感しなければ、ひとは目の前の出来事や対象物の造形を忘れていくものです。

スラッシャー映画を観た観客の記憶のなかで、多くのファイナルガールや3番手の殺され役を演じた女優たちは、「生きた人間」としては刻まれません。

単なるセックス描写の記号、惨殺シーンの記号として消費されていき、挙げ句存在していたことすら「なかったこと」にされてしまう。

それでも、「どんなにつまらない役柄でも、その役を演じているのは生きた俳優である」のは紛れもない事実です。この点に於いて、彼女たちと観客との間には「残酷で埋まらない溝」が確実に存在しています。


そういう意味で、この映画は絶妙なポイントを突いたといえるでしょう。

20年以上前のスラッシャー映画に登場したナンシーという役柄は、世界中のほとんどのひとにとっては無価値な小さな存在でしかありません。

ところが、現代のアメリカの田舎町に住む無名の女子高生マックスにとっては重要な価値があり、やがてとてつもなく大きな存在になっていきます。

単なる「3番手の殺され役」が、記号から脱却し、「生きた人間」へと昇格していく。

モチーフこそ80年代スラッシャー映画ですが、本作が描こうとしているのは、他人の役割や存在価値を反射的に決めつけてしまう思考に疑いを持つことの「重要性」と、そこから生まれる「可能性」についてなのかもしれません。

機会がありましたら、是非レンタルビデオ屋さんで手に取ってみてください。

最後に、実在するスラッシャー映画で「ファイナルガール」や「3番手の殺され役」を演じた女優たちのインタビューが聴ける映画をご紹介します。

『HIS NAME WAS JASON〜「13日の金曜日」30年の軌跡〜』というドキュメンタリーです。

こちらも劇場未公開のＤＶＤスルー作品ですが、内容はとても充実しています。

特にメモリアルエディションは密度が濃く、彼女たちのインタビューが6時間にもわたって続きます。

細々と女優を続けているひともいれば、女優業は引退し、今やすっかり肝っ玉お母さんと化したひともいます。

時に忘れられ、ひとに忘れられた「ファイナルガール」や「3番手の殺され役」たちの現在の様子には、感慨深いものがあります。

マックスが追い求めた亡き母の記憶と同様、80年代の若き日に大きな夢を抱いていた名もない女優たちが、どんな風に月日を過ごしてきたのか。

彼女たちの言霊に思いを馳せながら観てみるのも一興かもしれません。

では、次回またお会いしましょう。

12 愛娘がネットの性犯罪に巻き込まれてしまった家族の、葛藤と崩壊と再生の物語

『チャット 〜罠に堕ちた美少女〜』
Trust
2010年　アメリカ　106分
監督：デビッド・シュワイマー
脚本：アンディ・ベリン／ロバート・フェスティンガー
キャスト：クライヴ・オーウェン／キャサリン・キーナー／リアナ・リベラト／ヴァイオラ・デイヴィス／ジェイソン・クラーク
DVD 4,095円＋税　発売元：インターフィルム　販売元：アメイジングD.C.　© 2010 M3 FILMS,INC.

今回取り上げる作品は『チャット 〜罠に堕ちた美少女〜』。

2010年に制作されたアメリカ映画です。

タイトルとDVDのジャケット写真（下着姿の少女が〈やや恍惚としているようにもとれる表情〉でベッドに横たわっている姿）を目にすると、おそらくは多くの方が「ああ、ロリコン趣味のエロドラマかエロサスペンスね」と連想されるのではないでしょうか。

その結果、「そういうことなら是非観たい！」というひとと「そういうことなら絶対に観たくない！」というひととに二分されてしまうかもしれません。

しかし、前者の方が観ると確実にガッカリするタイプの映画です。

逆に後者の方は、観なかったことで大切な出会いを失う危険性があります。

本作の原題は『TRUST（＝信頼）』です。

文字通り、人と人との「信頼」を軸に、性犯罪が家族関係に与える影響について、驚くほど誠実に描かれたヒューマンドラマの傑作です。

例によって、ひと知れずビデオ屋さんの棚に埋もれているようなので、この機に是非紹介させてください。

早速、あらすじから入りましょう。

アニー・キャメロンはシカゴに暮らす中学生の女の子。親友のブリタニーとともに毎日楽しく学校に通い、部活動のバレーボールに精を出すごくごく普通の14歳です。

パソコンやスマホを使ってチャットをするのが趣味のアニーは、最近ネット上で知り合ったある男の子のことが気になっています。

彼の名はチャーリー・ハイタワー。カリフォルニア在住の高校2年生で、アニーと同じく学校ではバレーボールの選手をしています。

チャーリーによると、彼の兄はバークレー校のフットボール特待生。そんな兄を見習って、チャーリーもまた得意なバレーで大学への推薦を得ようと日々努力を重ねています。

また彼の母親は自閉症児向けの学校で教員をしており、父親はＥＳＰＮの局員をしています（※ＥＳ

ＰＮはディズニー資本のアメリカ最大手のスポーツ専門チャンネルです)。

ようするにチャーリーは「ちゃんとした家庭」で育った「ちゃんとした少年」だということです。そんなチャーリーとの「ネット上での交友関係」をアニーの両親は知っており、温かく見守っています。ネットを介した人間関係も「現代的な出会い方」のひとつであると理解していますし、なにより娘のアニーを「信頼」しているからです。

ところで、住んでいる場所が離れていることもあり、アニーは未だチャーリーと会ったことがありません。それどころかお互いに顔も知らないのです。

しかしアニーからすると、顔を知らないからこそ、日ごろの学校での出来事やクラスメートらとの人間関係のもつれなどについても、チャーリーには素直に話すことができています。自身の経験も交えながら、そのつど真摯にアドバイスをしてくれるチャーリーは、少し年上の「信頼」できるソウルメイトなのです。

チャットのやりとりを重ねるうち、ふたりは恋心を育み、互いに性愛を求めはじめます。若い10代のふたりにとって、それはごくごく自然なことでした。

ある日、チャーリーの頼みに応えるためにと、アニーは自らの写真を送ります。「私はずば抜けた美少女ではない」と自覚しているアニーにとって、それはちょっとした勇気の要る行為です。

彼がガッカリしてしまうのではないか……そんな心配を胸に送信ボタンを押すアニー。

チャーリーはすぐに返信をくれました。

「写真を送ってくれてありがとう。思ってた通りだ。君は最高に美しいよ！」

アニーは嬉しくて仕方ありません。


ところが、チャーリーは気になる書き込みをしてきます。

「実は君に黙ってたことがあるんだ……」

何事かと身構えるアニー。

「ぼくは高校生じゃない。本当は20歳の大学2年生なんだ」

思わぬ告白にアニーは驚きを隠せません。

どうしてウソをついてたの？　と尋ねると、彼は「バレーの話で先輩面したくなかった」と返信してきます。


「嫌われちゃったかな……」

心配そうなチャーリーの書き込みに、どう返信すべきか迷うアニー。

たしかにビックリしたのは事実です。アニーはこれまで、チャーリーにウソをついたことがなかったからです。

しばし思案したのち、アニーは「大丈夫よ。私に合わせてくれたのね」と返信します。感謝の言葉を述べてチャーリーはログアウトします。

去り際に届いたチャーリーの顔写真。初めて目にする彼の姿は、爽やかな好青年そのものでした。6歳くらいの年の差なんてたいしたことない。

そう思い、アニーはますますチャーリーのことを好きになっていきます。

ある日、アニーと親友のブリタニーは、学校のヒエラルキーでトップに君臨するセリーナたちからホームパーティーに誘われます。

ネット上のチャーリーは容姿を褒めてくれたものの、リアルな生活では自分に自信が持てずにいるアニー。

いつもお洒落でモテモテの、いわゆる「リア充」なセリーナらにはどうしても気後れしてしまいます。

アニーはパーティー行きを断るべきなのでしょうか……？

しかし、セリーナに嫌われてしまったら学校で生きてはいけません。大袈裟に感じられるかもしれませんが、自宅と学校が「世界のすべて」である現在のアニーにとっては、ヒエラルキーのトップ集団と関われるか否かは死活問題なのです。

結局、アニーはブリタニーと共に、背伸びしたファッションでパーティーに出かけます。

しかし、結果は散々。居心地も悪く、ふたりは早々に退散します。

帰宅後。アニーは学校での振る舞い方などについて父親に相談しようとしますが、あいにく仕事中だった父は「悪気もなく」軽くあしらってしまいます。

セリーナのパーティーで失敗したアニーは、自宅でも居場所をなくしたと感じてしまうのです。

寝室に籠もった彼女はチャットを開始。

「私の理解者はあなただけ」とチャーリーに伝えます。

「ぼくも同じ気持ち。君こそぼくの理解者だよ」

チャーリーの言葉にアニーは救われる思いです。

「君に会いたい」

彼の書き込みに、「私も」と返すアニー。

それからしばらくして、遠方の大学に進学する兄を送るため、両親が家を留守にすることになりました。

アニーはそのことをチャーリーに伝えます。

「だったら、ふたりで会わない？」

チャーリーからの突然の申し出にドキッとするアニーでしたが、それよりも彼に会いたい気持ちが勝ちました。

初デートの当日。頑張っていつもよりお洒落をしたアニーは、ワクワクしながら待ち合わせ場所に到着。

やがて念願のチャーリーが姿を現したとき、アニーは思わず言葉を失います。

目の前に立っていたのは、写真で知っていた爽やかな好青年とは似ても似つかぬ、見知らぬ中年男だったからです。

ショックで泣きだしてしまうアニーを〈本物のチャーリー〉である中年男は懸命に慰めます。

「ウソをついていたことは謝る。本当にごめん。でも、君に嫌われたくなかったんだ」

どう返していいか分からないアニーに男は続けます。

「君がチャットで話してきたのはこのぼくだ。それは事実だよ。ぼくたちはソウルメイトだろ？　これまで何ヶ月もの間、一緒に色んなことを話して、共有してきたじゃないか……」

たしかにそうなのです。

アニーは周囲にいる誰よりもチャーリーを「信頼」し、すべてを打ち明けてきました。彼女の心を救ってくれていたのは、両親でも教員でも学友でもなく、実際には会ったことすらなかったチャーリーなのです。

「もし、嫌じゃなかったらでいいんだけど、お茶だけでもしない？」

思い描いていたチャーリーとは別人ですが、目の前にいる中年男はとても誠実そうに見えます。

アニーは中年男のチャーリーとカフェに入ることにします。


ふたりでアイスクリームを食べながら、次第に打ち解けていくアニー。

いざ話をしてみれば、見た目こそ違えど、そこには「あのチャーリー」がいたからです。

アニーの話に熱心に耳を傾けていたチャーリーは、こう口にします。

「君はとても知的で繊細で、心の中身が大人なんだね。本当に感心したよ」

アニーは大人であるチャーリーから承認されていくことに心地よさを覚えはじめます。


そんなふたりのやりとりをたまたま親友のブリタニーが目撃していました。

どうしてあんな中年男と一緒に……？　訝しげに見つめるブリタニーの視線にアニーは気づきません。


やがて、アニーはチャーリーに誘われるままモーテルへ向かいます。

ふたりだけの室内で、チャーリーがプレゼントしてくれた赤い上下の下着を身に着けるアニー。

体系にコンプレックスがある彼女は恥じらいますが、チャーリーは「そんなことない。君は美しいよ」と褒め称えます。

そして当初は抵抗を感じていたはずのアニーでしたが、何度も求められるうち、ついにはチャーリーに身を任せてしまうのです……。

翌日、事態は一変します。

チャーリーと連絡が取れなくなったのです。電話を掛けても、チャットに書き込んでも応答がありません。

彼に会いたい、チャーリーに会いたい……アニーは焦りはじめます。

親友のブリタニーはそんなアニーの様子を心配し、問い詰めます。

「あのあとふたりでどこに行ったの？　なんであんな中年男と一緒にいたの？」

「年齢なんか関係ないでしょ！　彼は私を愛してくれてるし、私だって彼を愛してるんだから！」

もはやすっかりチャーリーに感化されてしまったアニーは、そう言い放ちます。

アニーはあの中年男から性的暴行を受けたんだ。そうに違いない……。

事態を重く見たブリタニーは教員に相談。すぐさま警察が到着し、アニーは全校生徒の視線を浴びながらパトカーで病院に連れて行かれます。

レイプキットを使い、次から次へと検査をされるアニー。

病院に呼び出された両親は、「愛娘がレイプされた」という警察の報告にパニックを起こします。

一方、アニーのメンタル面を支えるためにと女性の心理カウンセラーがつけられます。

さらにFBIの捜査官が到着し、矢継ぎ早にアニーに質問していきます。

親友の通報により事態は急転、一気に複雑化していきました。

右往左往する大人たちを尻目に、どこか冷めていたアニーはぽつりと呟きます。

「みんな何騒いでるの？　あれはレイプなんかじゃない。私たちは愛し合ってるんだから」


この辺りで物語は4分の1を経過。第1幕の終了です。

思春期の少女アニーの視点で描かれてきた『チャット～罠に堕ちた美少女～』は、ここから一気に俯瞰的になり、様々な立場の人間の視点で複合的に物語られていきます。

なかでも比重が置かれるのは「自分を愛してくれた救世主（チャーリー）を信じようとする」アニーと、「愛娘を陵辱した悪魔のようなレイプ犯（チャーリー）を殺そうとする」父親ウィルの眼差しの対立です。

そして第2幕からは、扇情的なタイトルとDVDパッケージからは想像もつかなかった物語が動き始めます。

性犯罪を軸にした家族の崩壊と再生に向けた物語です。

分裂した父と娘の視点に寄り添うのは、立ち位置の異なるふたりのヘルパー（協力者）。

ひとりはFBIのテイト捜査官（男性）。

そして、もうひとりは心理カウンセラーのゲイル（女性）です。

ふたりとも事態を改善するために動いているという意味では共通した役割を持っているのですが、それぞれの立場の違いから「改善のための角度」に大きな差異が生じてきます。

懸命に捜査を続けるテイトは、合理的にレイプ犯を発見、逮捕するためにとあらゆる手を尽くします。しかし、皮肉にもそのことが父と娘の「眼差しのズレ」を明確にしてしまうのです。

例えば、連絡が取れなくなったチャーリーの居場所を探るため、テイト捜査官はアニーにチャーリーへの電話を掛けさせようとします。

しかし、アニーは拒みます。チャーリーを犯罪者にしたくないからです。

かつて、チャット上のチャーリーは自閉症児童の教員である母がガンに侵されているという話をしていました。

そのことを引き金にテイト捜査官はアニーに依頼します。

「私の叔父がガンで亡くなった過去があるから、あなたのお母さんのことが心配だ、という理由で電話をしてみてくれ」

それでもアニーは拒絶します。「彼にウソをつきたくない」と言うのです。

この発言に父親のウィルが反発します。

「彼に、だと？　そもそも彼がお前にウソをついたんだぞ。お前はだまされたんだ！」

父の思いがけなく強い言葉にアニーは消沈します。

「……え、じゃあ、私……遊ばれてたってこと……？」

「そうだ！」とウィルは間髪容れずに断言します。さらに「甘い言葉も全部ウソだ。だまされてたんだよ、お前は！」と追い打ちを掛けるのです。

チャーリーにではなく、父親であるウィルの言葉によってアニーは傷つけられます。

なんてことを言うんだ、という顔で夫を見る母。傍らのテイト捜査官も唖然とするばかりです。

ところが、当のウィルは「何だよ？　俺の何が間違ってる、って言うんだ？」といった素振りです。どうやら彼らの気持ちがウィルには分からないようです。

このくだりが本作独自の極めて重要なポイントです。


『チャット〜罠に堕ちた美少女〜』は、あらすじだけを追うと「愛娘をレイプされた父親が復讐のために立ち上がる」という、いわゆるレイプリベンジムービーの軌道と大差なく見えます。

ここでいうレイプリベンジムービーというのは、70年代のウーマンリブ全盛期に大量に制作された「レイプの被害者である女性が自力で犯人に復讐を果たすタイプの物語」ではなく、『狼よさらば』の原作者として知られるブライアン・ガーフィールドが得意とする「被害者の家族や遺族が犯人に報復することでカタルシスを得られるタイプの物語（ヴィジランテ物と呼ばれることもあります）」を指します。

しかし、一見同じ軌道を辿っているようでいて、『チャット〜罠に堕ちた美少女〜』はそれらの映画とはまったく異なる展開を呼び込んでいきます。

企画として大切にしているものが根本的に違うからです。

父親のウィルは娘のアニーを愛している（少なくとも本人はそのように自覚している）のですが、実際には彼女の言葉や想いに耳を傾けようとはしません。

ウィル自身に悪気はまったくないのですが、彼はアニーを「個としての人格」とは見なしておらず、彼女の想いを承認しようとはしない（というよりも、できない）のです。

我が子の「気持ち（内側）」よりも、我が子に起きた「出来事（外側）」のほうに関心が向いてしまう。こういった心理の流れは「我が子が娘であるか否か」や「性犯罪に巻き込まれ……云々」とは関係なく、男親の内面に発生しがちです。

実際、事件が発覚してからというもの、ウィルはアニーがレイプされた場面を逐一「想像」しがちになり、そのつど激しい怒りに身を震わせる時間が増えていきます。

そして、自分がその場に駆けつけられなかったこと（出来事そのものを知らなかったのですから、とうてい不可能なことです）、また娘を助けられなかったこと（出来事の最中にアニーは救助を求めてはいなかったにもかかわらず）を悔いていきます。

しかし、そもそもウィルが想像している「レイプ場面」は、観客が事前に目撃した「実際にアニーがモーテルでチャーリーに身を任せた場面」とはかけ離れています。

いかにも変質者然としたレイプ犯が、泣き叫ぶアニーを押し倒し、性具を用いて陵辱する場面をウィルは繰り返し、繰り返し想像してしまいます。

もちろん、そんな人間についていくほどアニーは愚かではありませんし、そんな出来事を経験していたら「彼のことを愛している」とか「あれはレイプじゃなかった」という発言が出てくるはずもありません。

問題はなぜ、アニーがチャーリーと会うことを選択し、実際には中年男だったチャーリーと、そのことを知ってもなおモーテルへと同行するという行動をとってしまったのか、です。

この点にウィルが着目することも、関心を持つこともできないのは、事件が起こる以前からアニーの想いや言葉への傾聴をせず、心から向き合おうとはしてこなかったからなのではないでしょうか。

もちろん、ウィルが犯人捜しを始めるのも、また復讐心をたぎらせるのも「娘への愛」や「正義」のためなのは事実ですが、実際にはアニーのためにはなっておらず、むしろ自分自身のためでしかありません。

捜査が続くにつれ、チャーリーに関する様々な事実が分かってきます。

アニーとの連絡に用いていた携帯電話は、足跡がつきにくいプリペイド式であったこと。それも現金払いで購入していたこと（これも足跡がつきにくいということです）。

また、チャーリー・ハイタワーという名前は同世代では全米に7名存在していたものの、該当者はゼロで、カリフォルニア在住という話も怪しいということ。

さらにはチャットに使用されていたＩＰアドレスは、送信元がチェコだったという事実も判明します。これは擬装用プログラムかソフトウェアを使って、ＩＰを世界中のサーバーに経由させていることを示しています。

つまりアニーが出会った中年男は「常習犯」だった、ということです。

怒りに拍車が掛かったウィルは、行動をエスカレートさせていき、次第に「想像する場面」も「アニーがレイプされる瞬間」ではなく、「自らが犯人を殺害する場面」へと変貌していきます。

その結果、ウィルの眼差しはアニーの気持ちからますます離れ、父娘間の「信頼」も崩れてしまうのです。

一方、周囲の大人がチャーリーを悪者扱いすればするほど、アニーはかたくなに彼を信じようとします。しかし、前述のＦＢＩからの提示（チャーリーは「常習犯」だった）を受け、さすがのアニーも混乱し始めるのです。

そんななか、テイト捜査官とは角度の違うヘルパーである女性カウンセラー、ゲイルとの面会中、アニーはこう言われます。

「時として、人は体の自由を奪われたり、恐怖を感じると、心だけでも抜け出て肉体から離れようとする。そうやって自分を守る」のだ、と。

モーテルでのチャーリーとの時間を思い出し、アニーは複雑な思いに駆られていきます。

この映画は常に、登場人物が光に救いを求めると影に誘惑され、影に救いを求めると光が出現し、その人物を導くという流れを繰り返していきます。

この展開が終始一貫しているため、性犯罪という題材を扱いながらも、安易な善悪二元論に落ちることがありません。

むしろ、正義とは何か？　悪とは何か？　救いとは何か？　そういった普遍的な疑問に向かって突き進んでいきます。


この静かで力強く誠実な脚本を担当したのは、舞台俳優として知られるアンディ・ベリンと、映画監督としても知られるロバート・フェスティンガーのふたりです。

元々はベリンが、本作の監督も務めるデヴィッド・シュワイマーと共に舞台劇として執筆した戯曲版の『TRUST』が原形です。同作は演劇界では有名な賞「ジョセフ・ジェファーソン・アワード」の最優秀戯曲賞にノミネートされています。

結果、受賞こそ逃しましたが、戯曲の出来が良かったためにシュワイマーがベリンを誘い、映画化に向けて動きだしたようです。映画的な脚色を施すために雇われたのがフェスティンガーで、何度かのリライトのやりとりを繰り返し、最終的に共同脚本という形に落ち着いたようですね。


監督のシュワイマーは演出家である以前に、俳優としてかなり有名な人物です。

日本で最も知られているのはテレビシリーズ『フレンズ』でのロス・ゲラー役ではないでしょうか。

CGアニメ映画『マダガスカル』シリーズでの気の弱いキリン、メルマンも当たり役です。

ところで、俳優が監督をする場合の最大の利点は、出演者とのコミュニケーション濃度が高くなることです。

とりわけ本作のようなソフトストーリー（登場人物の内面を掘り下げる企画）の場合、繊細で丁寧な芝居をすくい取りやすく、リザルト演出に走ることがまずないという点は重要です。

リザルト演出というのは、監督が撮影前に脳内でイメージした「リザルト（結果）」にこだわりすぎるあまり、「いま」「ここ」で「実際に向き合っている俳優」から良い結果を引き出せなくなることを差します。

例えば、女優がセクシーなシーンを演じる状況があったとします。

そのうえで女優が提示した演技に対し、「何か違う」と監督が感じたとします。そのこと自体は問題ではないので、監督は女優と何らかの演出上のコミュニケーションを取りながら、より良い結果へと導いていけばいいのですが、このコミュニケーションの取り方を間違えると悲惨な結果に繋がります。

リザルト演出の最悪な例は「もっとセクシーに見えるように演じて」と伝えてしまうことです。

監督がイメージしていたセクシーさを体現できていなかったとしても、そもそも当の女優は彼女が考えるセクシーさを最大限披露しているはずです。

つまり、彼女のなかには「もっとセクシー」という「分量としてののりしろ」は残されていないわけです。

そういうときは、「もっと」という具合に増加を求めるのではなく、「違う角度のセクシーさ」を追求しなければなりません。

ところが、今のでは「足りない」だから「もっと」という伝達をしてしまう。

この時点で、女優は当初披露した「自らが信じているセクシーさの表現」に「ウソを上乗せして」演技しはじめます。つまり、カリカチュアされた過剰な表現になるのです。

結果、彼女の心の中では、シーン内の役柄の気持ちにフォーカスした「セクシーな情動」は遠のいてしまい、女優本人が感じている撮影現場でのプレッシャー（もっとセクシーに見せなきゃ）に意識がフォーカスしてしまう危険性が高まります。

こういった感情の流れから出てきた表現が、監督が求めていた「もっとセクシーに見えるようなもの」になっている可能性は極めて低く、むしろ的外れなものになっていくはずです。

その結果、「違う」「もっと」がさらに繰り返されるわけですが、女優の自意識は肥大化し、ただただ焦る一方で、時間ばかりが経過し、スタッフも苛立ちはじめ、監督もしびれを切らし……という具合に撮影現場は負のスパイラルに陥ります。

監督が俳優に対してしなければならない仕事の大部分は、その俳優が「役柄の気持ちにフォーカスできるよう援助したり、導いたりすること」です。

リザルト演出は、それとはまったく逆の効果を生んでしまう危険な演出スタイルと言えます。

ぼくの知るかぎり、リザルト演出をしてしまう監督は日本にも大勢います。

そういう監督の最大の問題は、技術力の不足ではなく、想像力の欠如です。

ひとは皆、ひとりひとり異なる個性を持った存在だということが、本質的に理解できていないのでしょう。

絵コンテやイメージボードなどの再現に囚われ、俳優の内面に発生した情動に共感せずに演出してしまうタイプの監督に多く見られる傾向があります。


では本作の場合はどうか、というと、実に見事に俳優が各自の役柄にフォーカスできています。これは間違いなく、シュワイマーが本来俳優であり、目の前の俳優たちの気持ちをすくい取ることができ、その結果、彼らもまた役柄の気持ちにフォーカスしやすかったからだと思います。


その最たる例はアニー役を演じたリアナ・リベラトの演技演出です。

彼女は、本作ののち2011年に制作された心理サスペンス『ブレイクアウト』でニコラス・ケイジ、ニコール・キッドマンと共演し、翌2012年制作のスリラー『陰謀のスプレマシー』ではアーロン・エッカートとも共演を果たしています。

そういったベテラン俳優が演じる主人公の「娘役」をそつなくこなしたことで、着実にキャリアも実力も付けています。

最近では劇場未公開作として日本でDVDスルーとなった『マックス&エリー 15歳、ニューヨークへ行く!』でイザベル・ファーマンとダブル主演を果たしました（ちなみにイザベル・ファーマンは養子ホラーの傑作『エスター』でタイトルロールのエスター役を演じていた元子役です）。

いずれにせよ『チャット ～罠に堕ちた美少女～』撮影時のリベラトは、役柄のアニーと同年齢の14歳だったということもあり、相当な配慮が必要だったはずです。

実際、モーテルのくだりでのリベラトは役柄としての芝居ではなく、当の本人自身が緊張しているのが観ていて分かります。彼女自身が感じている不安や恐怖心があまりに強いため、痛々しさを覚えるほどです。

プロの女優としてはいかがなものかと思いますが、率直に言って無理もないことだとも思います。俳優としても人間としてもまだまだ経験が少ない14歳という年齢で、大勢のスタッフが見ているなか、全裸に近い下着姿のまま中年男（チャーリー）に覆い被さられるわけですから、緊張するなと言うほうが無理な話です。

監督はもちろんのこと、チャーリー役のクリス・ヘンリー・コフィもおそらくは最大限に配慮しながらリベラトへの愛撫シーンに臨んだでしょうし、撮影現場にはリベラトのメンタル面に配慮して、カウンセラーが別途スタンバイしていたはずです。

一方で、経験値が少ないからこその「役柄との感情的同化（演者自らの感情を流用する方法）」が効いている場面もあります。

中間部に登場する「アニーが父親ウィルに対して泣きながら怒鳴り散らす場面」では、リベラトの感情が高ぶりすぎてしまったのでしょう。本来の芝居の定位置から身を乗り出してしまい、レンズのフォーカスが甘くなってしまっています。共演者の父親役クライヴ・オーウェンにストレートな感情をぶつけすぎて、ピントの合う範囲を越えてしまっているのです。不慣れなリベラトにとって「2度撮れる芝居」ではないのは明らかなので、監督はOKを出さざるを得なかったのでしょうが、シーンとしての迫真度が高いので、技術的な綻びはさほど気になりません。

またこの作品は内容が内容ですし、演技経験の未熟な（そして実年齢が役柄と同じく幼い）リベラトの心理を考慮して、おそらくある程度は順撮りをしているはずです。

つまり、脚本に描かれた「役柄の心情が変化する流れ」に沿うように撮影されているのではないか、と思うのです（普通、こういった座組の場合はその点を重視するようにとスケジューリングを配慮していくものです）。

そのうえで、先の場面での反省を踏まえたのだと思いますが、中盤に登場する「アニーが、カウンセラーの前でついにレイプされていたことを自覚する場面」では、固定カメラではなく、手持ちカメラに切り替えて撮影されています。

このシーンの描き方はとてもリアルなだけでなく、非常に真摯で胸を打たれます。チャーリーへの「信頼」が崩れ去るか否かの大切な瞬間だからです。

おそらくは、事前に細かな立ち位置や動線は決めず、本番でのリベラトの感情の変化に任せ、彼女がどう動いてもいいようにとセットアップされている（つまり、1カ所にピントを固定するのではなく、ドキュメンタリックに芝居を追っていくという選択をした）のだと思います。

本作では、物語が幼いアニーを中心に周回する大人たちを描くのと同様、経験値の浅いリベラトをベテラン俳優たちがサポートしていきます。

彼らの演技合戦もこの映画の大きな見所です。

娘のアニーを心から愛しているにもかかわらず、図らずも対立することになる父親ウィル役を演じたのは、イギリス出身の名優クライヴ・オーウェンです。

母国で数多くの映画やテレビドラマに出演し、名実ともに評価されたのちハリウッドに進出したオーウェンは、『グリーンフィンガーズ』『ゴスフォード・パーク』『ボーン・アイデンティティー』などへの出演を経て、「アーサー王と円卓の騎士」を題材にした超大作『キング・アーサー』に主演。その後、マイク・ニコルズ監督の『クローサー』でアカデミー賞の助演男優賞にノミネートされました。

以降、大作への出演が続く一方で低予算の良質なソフトストーリー作品にも多数出演し、最近では日本の紀里谷和明さんが『忠臣蔵』をモチーフに描いた『ラスト・ナイツ』で、大石内蔵助に値する主人公の騎士ライデンを演じていました。

また、母親役を演じたキャサリン・キーナーは『マルコヴィッチの穴』と『カポーティ』で2度アカデミー賞の助演女優賞にノミネートされている実力派です。シリアスからコメディまでなんでもこなせる器用さがあり、作品の狙いによって印象の残し方（印象を強く残さないという印象づけも含め）にも自在な力を発揮するのが彼女の大きな特徴です。

個人的にはインディーズ映画の撮影現場で起きるドタバタを描いた佳作『リビング・イン・オブリビオン／悪夢の撮影日誌』でのストレスフルな演技が印象深く残っています。

アニーのカウンセリングを担当するゲイル役を演じたのは、黒人女優のヴィオラ・デイヴィスです。デイヴィスはスティーヴン・ソダーバーグ組の常連として有名ですが、元々はジュリアード音楽院出身の舞台女優。映像作品では脇役が多く、決して強い印象を与えるわけではありませんが、実力はとても高く、メリル・ストリープ主演の『ダウト～あるカトリック学校で～』の演技ではアカデミー賞助演女優賞にノミネートされました。

ゲイルと対になるヘルパーとして登場するFBI捜査官テイトを演じたのは、ジェイソン・クラークです。比較的若手のバイプレイヤーで、クセのある特徴的な顔立ちを活かして悪役を演じることも多々あります。

未公開映画の良作『愛人契約』などの主演作もありつつ、最近では『ターミネーター：新起動／ジェニシス』でジョン・コナー役（可哀想なくらい難しい役でした）を演じていましたね。

低予算の（ともすると地味な）作品である本作に、これだけの実力派俳優を集めることができたのは、監督のシュワイマーの「俳優としてのキャリア」の賜だと思います。

最後に、この映画最大の個性であり、かつ物語に対する評価や判断を複雑にしている要素についてお話しします。

それは、そもそもアニーがチャーリーにされたことは「レイプか否か」ということです。

以前、とあるベテラン脚本家が本作について「あれはレイプじゃないよね。和姦だよ」と口にしているのを見て、ぼくは愕然としてしまいました。

もちろん色んな考え方や意見があること自体は良いと思うのですが、彼が「モーテルのシーン」でのリベラトの「ある芝居」を忘れている（というより、軽視している）のは如何なものか、と思います。

件の場面では、チャーリーが自ら服を脱ぎだした際、アニーは彼を見ることをやめ、モーテルの壁紙の模様に意識を集中するような仕草を見せます。

そしてシーンは彼女が目にした壁紙の模様（しかも周辺光量を落とし、まるで黒い枠組みの中に模様が浮かび上がっているかのような、いわゆる視野狭窄に陥った心情表現として描写されている）で終了しています。

そのうえで、のちのゲイル（カウンセラー）とのやりとりのなかで、先ほども紹介したとても重要な台詞が出てきます。

「時として、人は体の自由を奪われたり、恐怖を感じると、心だけでも抜け出て肉体から離れようとする。そうやって自分を守るの」という台詞です。

アニーは明らかにモーテルでの時間を思い出し、まだ面談の時間が10分も残っているというのに、動揺したように部屋を出て行きます。

薄々感じていながらも明確に言語化できず、またそう考えること（私はレイプされたのかもしれないと疑うこと）がそもそも悪いことであるかのように感じていたからこそ、彼女はその場を去ったのではないでしょうか。

つまり、これは和姦などではなく、れっきとしたレイプなのです。

表層的に解釈しているひとは「レイプは物理的な暴力行為」であり、「そのこと自体が問題だ」と誤認しがちです。

しかし、それではレイプという犯罪の本質を見逃します。

アニーが性愛の対象者であるチャーリーから自らの意識を外した（彼を見ることをやめ、壁紙を見ることに集中した）ということは、アニーは「ことの最中」に「相手と同じ場所にはいないこと」を選択し、その時間を「自らの存在として味わうこと」をも「放棄した」ということです。

ようするに彼女は、アニー・キャメロンという「ひとりの生きている人間」としての自由意志を自ら抹殺したわけです。

そんな状態で行われた性行為をどうして「和姦だ」などと言えるのでしょうか。

とんでもない話です。和姦というのは、相手と共にその時間を感じようとする、そのための共感と共有意識（いたわりや思いやりと言い換えてもいいですが）を持って臨むことを指すはずです。

アニーがモーテルで経験したことは、むしろレイプそのものだ、とぼくは思うのです。

皆さんはどのようにお感じになりますか？


今回取り上げた『チャット～罠に堕ちた美少女～』は、「Netflix」でも観ることができます（2017年2月現在）。お近くのレンタルビデオ屋さんに置いてない場合は、是非アクセスしてみてください。

では、次回またお会いしましょう。

13

「夢を諦めきれない中年男」の孤独と苦悩をメロドラマの体裁で描いた秀作

『あなたとのキスまでの距離』
Breathe In
2013年　アメリカ　97分
監督：ドレイク・ドレマス
脚本：ドレイク・ドレマス／ベン・ヨーク・ジョーンズ
キャスト：ガイ・ピアース／フェリシティ・ジョーンズ／エイミー・ライアン／マッケンジー・デイビス　ほか
DVD 3,800円＋税　発売元:アイコンエンタプライズ　販売元:TCエンタテインメント　

今回取り上げる作品は『あなたとのキスまでの距離』。

2013年制作のアメリカ映画です。

内容を「端的」に説明すると、概ね以下のような感じになります。

「妻子持ちの中年男が、自宅にホームステイすることになった女子留学生と不倫関係に陥る話」

うーん……。

自分で書いておいてなんですが、この説明には違和感を覚えます。

大筋は間違っていないものの、一方でまったくそういう話じゃないとも言えるからです。

なんだか、もったいつけている感じで嫌ですね。

でも、実はこの点こそが『あなたとのキスまでの距離』という映画のやっかいなところでもあり、また大きな魅力でもあるのです。

そもそも「中年男が女子学生と不倫関係に陥る」と聞くと、多くのひとは「ああ……古女房に飽きてしまって、若い女の色香にやられちゃったんだな」といった「原因と結果」を想像されるのではないでしょうか。

もちろんそれは当然のことだと思います。

しかし、そういったゴシップ的な「バイアス」を前提に観てしまうと、本作独自の魅力を見落とす危険性があります（とはいえ、いざあらすじを説明するとなると、やはり「中年男が女子学生と不倫関係に陥る」になってしまうというジレンマは消えないのですが。苦笑）。

この映画が興味深いのは「画に描いたような不倫メロドラマの軌道」を敷きながらも、実際には「夢を諦めきれない中年男の孤独と苦悩」を描こうとしている点です。

言ってみればシルヴェスター・スタローンの『ロッキー』に近い、より正確には「対」になるような、「ロッキーになり損ねた男」を描いた作品と表現してもいいかもしれません。

ご存じの通り『ロッキー』はボクシングをモチーフにした映画ですが、実際には「ボクシングの映画」ではありません。

むしろ「未清算の過去に囚われたままの人生と折り合いを付けるためには、新たな選択と行動を起こす必要がある。そうすれば抱えてきた夢との距離感が相対化され、仮に〈当初思い描いていた夢〉を、そのままの形では実現できなかったとしても、自らを認めることができたり、納得した人生を送ることが可能になるはずだ」という普遍的なメッセージを描いた作品です。

だからこそ、ボクシング経験のないひとたちにも「まるで自分のことのように感じられる映画」として支持され、長く愛されてきたわけです。

とりわけ熱狂的に受け入れたのは女性観客ではなく、男性観客でした。「夢を諦めきれないまま中年期を迎えてしまった」と「感じている男性」がそれだけ世界中に多く存在するということなのでしょう。

とはいえ、現実は往々にして映画のようにはうまくいかないものです。

誰もがロッキーのように「諦めきれなかった夢との関係性」を清算できるような、また自らそれこそが正しいと納得できるような「選択や行動」を起こせるとは限りません。

ましてやすでに妻がいて、子供がいて、すなわち「守らなければならない家庭」を持っている男性にとっては、「夢との関係性の相対化を図るための一歩」を踏み出すこと自体が、極めて難しいことなのではないでしょうか（実際にはそうとは限らないのですが、少なくとも「そのように感じて」苦しい思いをするひとが多いはずです）。

ロッキー・バルボアの生き方に勇気をもらった男性が数多いるのと同様、却って自らの無力感に苛まれた男性もいるはずです。

『あなたとのキスまでの距離』は、そんな「ロッキーになり損ねた中年男の孤独と苦悩」を「不倫モノの軌道」を使って昇華させようとした珍しいメロドラマです。

また、家庭とは何か？　個人とは何か？　男女とは何か？　それらの普遍的な問題を内包しながら、登場人物ひとりひとりの心理を繊細かつ的確に掬い取ったヒューマンドラマの秀作でもあります。

例によって、あなたの家の近所のビデオ屋さんの棚の一番下の段で埃を被っている可能性が高いので、この機に是非紹介させてください。

それではいつものように、まずはあらすじを辿っていきましょう。

キース・レイノルズはニューヨーク郊外に住む40代の白人男性。地元の高校で音楽教師を務めています。

妻のメーガン、高校生の娘・ローレンとの生活は平穏そのものです。

今日はレイノルズ家が年に一度の行事としてきた「家族写真」の撮影日。

近所の写真屋さんにお願いし、庭で仲むつまじく過ごす家族の姿をスナップ風に次々と撮ってもらいます。

ところが、メーガンとローレンが心底楽しそうに笑顔を見せるなか、キースはどこか満たされない表情を浮かべています。実は彼には「長年我慢していること」があるのですが、そのことを妻も娘も知らないのです……。

その夜、書斎でひとり封書を開けるキース。

勤め先の高校から来期の授業内容を記した時間割が届いたのです。キースはため息をつきながら、机の引き出しを開け、古い写真群を取り出します。

それは仲むつまじい家族写真……ではなく、若かりし日のキースが仲間と共にバンドを組み、ライブをしていたときの様子を捉えたものでした。

ギターを奏でるキースの表情は、現在とはまるで別人のように活き活きとしています。

キースは「音楽を教える人生」ではなく、「音楽で食べていく人生」を望んでいたのです。叶えられなかったその想いは未だ健在で、彼の心の奥底に燻ったままです。

そんな父の情動に気づくことなく、「お腹が空いたからサンドイッチ作って」と無邪気に注文する娘のローレン。

バンドマンだったころの写真を隠すように、キースは慌てて笑顔を作ります。

一方、妻のメーガンには気になっていることがありました。

近々、イギリスからの交換留学生がホームステイに来るのです。

留学生は女性で年齢は18歳。ローレンの少し年上の高校生です。几帳面で家庭的なメーガンは留学生を迎える準備に余念がありません。せっせと家中を掃除し、ベッドのシーツを交換し、家具のレイアウトを整えていきます。

そんななか、ホームステイにあまり気乗りしていない様子のキース。

彼は音楽教師の傍ら、週末だけ地元の小さなオーケストラで臨時のチェロ奏者をしているのですが、近々オーディションが開催されるのです。

もしもオーディションに合格したら、正式な楽団員になれるかもしれない。

キースは掃除を手伝いながら「オーディションが近いからちゃんと練習したいんだけど……」と伝えますが、メーガンは素知らぬ様子です。

「留学生が来たって、べつに練習はできるでしょ?」とキースの顔も見ずに返答します。

キースは何か言いたげですが、閉口するという選択をします。

どうせ言ってもムダ。またバカにされるだけ……。内心そう感じているキース。

実の娘に想いを隠し、妻にも自己開示できないまま過ごす生活が、どれだけストレスを溜めることになるか……。

想像するだけでも胸が痛みます。


そんな夫の様子に気づくことなく、メーガンは昼間に撮影した家族写真を大量にプリントアウトし、何やら作業を開始します。

『レイノルズ家より、残暑見舞い』と記された大量の封筒に件の写真を丁寧に折り込んでいくメーガン。

そんな彼女の行動から、メーガンの几帳面さと「家庭的であること」へのこだわりが垣間見えます。

数日後、あいにくの雨が降るなか、レイノルズ家の面々はキースが運転する車で空港へと向かいます。

その後、空港ロビーで件の交換留学生ソフィーと出会い、和やかに挨拶を交わす一行。

いつしか雨は止み、帰りの車中。ひとしきり自己紹介を終えたソフィーが、レイノルズ家の面々へと質問をしていきます。

ピアノを得意とするソフィーはキースが勤める高校に転校することが決まっています。当然、彼が音楽教師なのは知っていましたが、地元のオーケストラに臨時で参加していることまでは知りませんでした。

興味を持ったソフィーに対して、メーガンは言います。

「でも、ただの趣味だから。そうよね、あなた?」

キースの表情が曇ります。

「仕事だよ。ちゃんとギャラももらってるんだし」

メーガンはあまりピンと来ていないようで、話題を変えてしまいます。

夫が「趣味ではなく、仕事だ」とわざわざ言い直したことへの「矜持」も「趣味と仕事には大きな差異があると彼が感じていること」にも興味がないようなのです。

もしかしたら、そもそもキースの音楽への情熱自体に、メーガンは重きを置いていないのかもしれません。

一方、初対面ながらソフィーは、キースの感情の変化に素早く気づき、話題を戻します。

「オーケストラでは何の楽器を担当しているんですか？」

ソフィーが興味を持ってくれたことが嬉しく、キースは正直に伝えます。

「チェロだよ。今度のオーディションで正式な楽団員になれるかもしれないんだ」

「じゃあ、受かったら教師は辞めちゃうんですか？」とソフィー。

「そうだよ」と即答するキースに対して、メーガンは瞬時に否定します。

「ダダメ、そんなの。何言ってんの」

「……」

キースはまたも閉口します。

その瞬間ソフィーは、妻ですら感じとることのできないキースの感情の変化と、日々溜め込んできたであろう想いの蓄積を敏感に感じとってしまうのです。

人一倍想像力と共感力が高いソフィーは、黙して運転を続けるキースの背中を後部座席からじっと見つめます。その眼差しにキースはまだ気がついていません。

無理解な妻への苛立ちを抑えるだけでなく、自分自身の燻った想いへの凝視が強いため、新たな救いが目と鼻の先に近づいていることに心を向けるゆとりがないのです。

ここまでで10分弱。

キースの情動に対し、気づきと着目を開始したソフィーの眼差しによって、物語にはメロドラマとしての「予兆」が立ち上がりました。

この「予兆」は、本コラムでたびたび触れてきた女性神話の軌道の始まりです。

日々抑圧を感じながらも依存せざるを得ない、服従せざるを得ない世界に暮らす主人公に対して、外部に存在していた新たな世界が光を灯す瞬間。

それは主人公が、本来の「ありのままの姿」で輝けるようになるための「チャンス」が到来した瞬間でもあります。

キースは中年男性ですが、紛れもなく女性神話の主人公そのものです。

元来、女性神話は「結婚」の暗喩として機能する物語構造です。

例えば、母親が与えたり望んだりする「理想」に触れながら成長してきた娘が、やがて女性としての、また個人としての自我に目覚めはじめると、「理想」は重圧や抑圧へと変化しはじめます。

だったら逃げ出せばいいじゃないか、と思われるかもしれませんが、母親の「理想」こそが唯一の正義だと信じて疑わない、あるいは正義だと信じることでしか生きられないと思い込んできた娘にとって、自分の感情に従うという選択は「悪事」なのではないかと感じ、自らを追い込んでしまうことは多々あります。

その結果、娘は次第に闇を纏うようになり、窮屈な人生を歩まざるを得なくなる……。

これは現実の世界でもたびたび起こることです。

女性神話が「おとぎ話」として描かれる場合、娘の闇に光を灯すのは、いわゆる王子様の役割です。母親にあてがわれた服装や化粧に窮屈さを覚えている娘に対し、彼女自らが気に入っている装飾や、素の状態でいることそのものに「彼女ならではの魅力があること」を指摘し、勇気づける王子様。母親とは異なる価値観を持った外世界の住人（王子様）に承認されたことで、暗く絶望そのものだった「世界」に光が差し、娘は次第に自信を得ていき、本来の自分らしさを取り戻し、「ありのままの」姿で輝きだします。

その結果、王子様の住む世界へと旅立ち、幸せを勝ち取る、というのが「結婚」の暗喩として機能する女性神話を流用した典型的な「おとぎ話」の構造です。

ちなみに、いまは娘や母親、また王子様というキーワードで説明しましたが、この構造自体は主人公のセクシャリティ（男性か女性か）とは何の関係もないため、あらゆるジャンルの物語に転用が可能です。

例えば、ジェームズ・キャロメンのSFアクション映画『アバター』では、不慮の事故により車椅子生活を余儀なくされていた主人公（男性）が、遠隔操作のキャラクター（アバター）として、未開の惑星パンドラでの生活を謳歌していきます。この流れは典型的な「女性神話」の流用と言えるでしょう。

いずれにせよ、『あなたとのキスまでの距離』は、ひときわ繊細な感情を抱えた中年男性のキースと、ひときわ共感能力の高いソフィーが出会ったことによって、停滞していたキースの心の時間が加速度的に回転を始める物語です。

ただし、ソフィーが若く美しい女性で、キースが妻子持ちの男性であったことから、本人たちにとっては純度の高い「救いの物語」でも、周囲から見ると「単なる不倫関係」に見えてしまう。

この点こそが本作を一筋縄には行かない物語（メロドラマ風のヒューマンドラマ）に仕立て上げている最大のポイントでもあるのです。

いずれにせよ本作では、先に提示した車内のシーンのように「登場人物が別の登場人物へと眼差しを向ける瞬間」がたびたび訪れます。

個々のキャラクターは決して多くを語ろうとはしませんが、彼らひとりひとりの想いに観客が気づくたび、まるで観客の想いを代行するかのように、別のキャラクターが対象の人物へと眼差しを向けていく。

そのタイミングと表現が驚くほど繊細でさりげないため、ぼんやり観ていると見逃してしまうかもしれません。

ですが、キャラクターたちの情動に着目し、言葉（バーバル・メッセージ）や表情（ノンバーバル・メッセージ）に傾聴しながら観てゆくと、まるで手に取るように想いが理解できる的確さを備えています。

静かに進行する（ともすると地味な）物語であるにもかかわらず、常にスリリングでサスペンスフルな空気感を醸造しているのは、ひとえにこの「眼差し」の扱いによるものです。

本作を演出したのは、アメリカの映画監督ドレイク・ドレマス。

脚本を執筆したのはドレマス自身とベン・ヨーク・ジョーンズのふたりです。

このコンビは、ドレマスのデビュー作『今日、キミに会えたら』でも共同脚本を担当しています。

「眼差しの交錯」で描かれる個々のキャラクターの情動のもつれは、当時からすでに発揮されていました。

『今日、キミに会えたら』は、出会ってすぐに一目惚れし、互いに恋に落ちたふたりの大学生が主人公の物語です。

彼らはアメリカ人の青年とイギリスからの女子留学生によるカップルなのですが、彼女が（彼を愛するあまり）ビザが切れてもアメリカに滞在していたことから、ある日イギリスに強制送還させられてしまいます。それを機に遠距離恋愛になったふたりが次第にすれ違いながらも、愛を全うしようと格闘する姿を丁寧に描いた傑作です。

『今日、キミに会えたら』は、デジタル一眼レフで撮られた低予算の作品にもかかわらず、サンダンス映画祭でグランプリと審査員特別賞をダブル受賞しました。

ちなみに審査員特別賞を受賞したのは監督や脚本家ではなく、留学生役を演じた女優、フェリシティ・ジョーンズです。

彼女はそのまま、同じ監督・脚本コンビの次作である『あなたとのキスまでの距離』でもヒロイン役を務めています。つまりソフィーの役ですね。

ドレイク・ドレマスとベン・ヨーク・ジョーンズがアメリカ映画界に果たした最大の貢献は、当時はまだ無名の端役女優だったフェリシティ・ジョーンズに光を当て、2本の映画に連続主演させただけでなく、彼女の魅力を最大限に引き出し、多くの観客の目に届けたことでしょう。

ご存じの通り、その後フェリシティ・ジョーンズはハリウッドで押しも押されもせぬ大スターになりました。

今回の『あなたとのキスまでの距離』のあと、彼女は『博士と彼女のセオリー』に大抜擢されホーキング博士の妻という大役を演じ、アカデミー賞にノミネートされます。

そして、『ダ・ヴィンチ・コード』シリーズの第3作にあたる『インフェルノ』ではトム・ハンクスと共演し、その後、『ローグ・ワン／スター・ウォーズ・ストーリー』でメジャー作品での初主演を果たします。

長い下積み期間を経て、本来の実力を発揮し、輝きを手に入れたフェリシティ・ジョーンズ。彼女にとっての女性神話は、ドレイク・ドレマスとベン・ヨーク・ジョーンズによる低予算映画に出演したことで動きはじめたのです。

一方で彼らコンビにとっても、フェリシティ・ジョーンズはミューズだったのだろうと思います。実際、『今日、キミに会えたら』『あなたとのキスまでの距離』ともに、脚本をアテ書きしているのは一目瞭然ですし、完成した映画にもその効果は確実に現れているからです。


そんなフェリシティ・ジョーンズが演じたソフィーの相手役、つまりこの物語の主人公であるキースを演じたのは、イギリス出身の俳優ガイ・ピアースです。

3人のドラッグ・クイーンによる旅を描いた魅力的なロードムービー『プリシラ』で注目されたのち、『L.A.コンフィデンシャル』で頭角を現した彼は、ハリウッドの大作から作家性の強い低予算のソフトストーリーまで多彩にこなす、職人肌の演技派です。

今作でも監督・脚本コンビのカラーに合わせ、徹底的にストイックな内的演技を追求し、観る者を圧倒します。

とりわけフェリシティ・ジョーンズとの「視線の交錯による感情表現」では実力を遺憾なく発揮、具体的なエピソードとしては表出してこないキースのバックストーリーを的確に描写することに成功しています。

リドリー・スコットがエグゼクティブ・プロデューサーを担当したドレイク・ドレマスの新作『ロスト・エモーション』でもキーパーソンとして出演しているところをみると、本作の仕事ぶりでドレマスからの圧倒的な信頼を得たのかもしれませんね。

さて、物語のなかでキースとソフィーの関係はどのように変化していくのか。

もちろんご想像の通り、ふたりは次第に惹かれ合っていきます。

キースがそうであったように、ソフィーにも当然バックストーリーが存在し、彼女自身もまた闇の中で苦しんでいることが判明します。そして、そのことが観客の心を静かに、かつ確実に掴んでいきます。

例えば、ピアノが得意で、だからこそ交換留学をしたはずの彼女が、他人の前ではなかなかピアノを弾こうとはしない。

そんな彼女がキースの前で初めてピアノを弾いてみせる場面は出色です。

といっても、フェリシティ・ジョーンズが、実際にピアノが得意な女優というわけではないので、弾くという行為自体が映像的な見せ場になっているのではありません。

むしろ、彼女の弾いている様を見つめるキースの眼差しが素晴らしいのです。

これは先に触れた車内でのソフィーからキースへの眼差しと対になる描写でもあります。

ほかの誰もが分からなくても、互いの心の苦しさに気づいてしまった者同士が、静かに思いを馳せる眼差しの交差は、凡百の台詞を交わすよりも雄弁な、実に見事な芝居場となっています。

また、キースの娘ローレンとソフィーとの間で生じる葛藤も見応えがあります。

ともするとおせっかいで、コントロールフリークのきらいがあり、ついつい何事もひとりでやってしまおうとする母・メーガンの育て方の影響もあるのでしょう。娘のローレンは依存心が強く、他人と群れていないと不安で、常に物事の楽な方を選択しがちな少女です。

孤独に強くストイックな面のあるソフィーとは対照的なローレンは、ソフィーの知性と想像力の豊かさに対し、次第に嫉妬心を抱きはじめます。

そして、そのことが物語の中間部で大きな転換点を作り出すことになるのです。

ローレン役のマッケンジー・デイヴィスは、この当時まだ新人で、お世辞にも芝居がうまいとは言えません。演技自体もシーンによって不安定さが拭えませんし、なによりデイヴィス自身が映画撮影そのものに緊張しているのが見てとれるのは致命的です。

ただし、こういったことは、前回取り上げた『チャット ~罠に堕ちた美少女~』のリアナ・リベラトのケースと同じで、経験値の少ない新人俳優の場合、大なり小なり避けられないことでもあります。とはいえ、ドレイク・ドレマスもまた俳優の生理を重視し、丁寧で繊細な演出をする監督なので、デイヴィスが棒立ち状態に陥っているわけではありません。

むしろ中盤から後半にかけて、ローレンが物語を大きく展開させていく流れでは、デイヴィス自身の緊張している感覚を逆手にとって、うまく役柄とリンクさせることに成功しています。

このくだりは拙さが故のドキュメンタリックな迫真性があり、観ている多くのひとが、かなりの緊張を強いられるでしょう。

おそらくは監督に対する揺るぎない信頼があり、その結果、デイヴィスが現場でも無理なく自己開示ができていたのだろうと思います。

というのも、彼女はニューヨークの小劇場で無名の演劇に出演していたところをドレイク・ドレマスに発見され、今作のローレン役に引き抜かれたという経緯があるのです。

父親役のピアースや名バイプレイヤーである母親役のエイミー・ライアン、また天才肌のフェリシティ・ジョーンズらと共演したことで多くの学びを得たのではないでしょうか。

その後、リドリー・スコットの『オデッセイ』への出演を経て、2015年制作の劇場未公開映画の傑作『フリークス・シティ』では、見事主演を勝ち取りました。ぼくは輸入盤のブルーレイで随分前に観たのですが、そこでのデイヴィスは、本作とは打って変わってコメディエンヌぶりも発揮していて、とても見応えがありました。

さて、物語に話を戻しましょう。

その後、キースとソフィーの距離感が縮めば縮むほど、緊張の糸を強く張っていくような展開になります。

ひとつ屋根の下に、妻と娘がいるなかで惹かれ合っていくわけですから、主人公ふたりの背徳感や葛藤の足枷は並の不倫ドラマの比ではありません。

しかしながら、ふと気になってくるのです。

古今東西、不倫メロドラマを作る際には「鉄則」とされてきた要素があるのですが、この映画では中間部を越えても「それ」をやる気配がまったく見えてこないのです。

その鉄則とは、「不倫の足枷になる存在（妻や夫）は、必ず善良なひととして描くべし」というものです。

映画に於いては、古くはメロドラマの巨匠ダグラス・サークの作品群、書籍ではハーレクインロマンスに代表されるロマンス小説などでも、この鉄則は必ず守られてきましたし、実際、歴史に残る数多くの名作不倫ドラマでは、カップルの恋の邪魔になる存在（妻や夫）は「良いひと」として描くのが定石とされてきました。

なんのためか、と問われれば答えは簡単です。

そのほうが恋に落ちた主人公たちの葛藤が増すからです。

例えば、暴力夫に苦しめられている妻が優しい男と不倫する話を観ても、「うん、そりゃそうだ。早く逃げたほうがいい」と思うだけです。

これでは極めて倫理的な行為にしかならず、本質的には不倫ではないとさえ言えるでしょう。

一方、優しくて家庭的で文句の付けようがない妻や夫がいる人物が、それでも運命的に出会った異性にどうしようもなく惹かれてしまう。

このように描くほうが、不倫メロドラマの主人公としては、確実に「心が揺れる（葛藤する）」のです。こんなに素晴らしい夫（あるいは妻）がいるのに……でも、どうしても逢いたい！　そういって主人公やヒロインが夫（や妻）にウソをついてこっそり外出してみたり、不倫相手との待ち合わせ場所に駆け込んでみたりする場面を、映画やテレビドラマでご覧になったことがあるかと思います。

それはそのほうが確実に面白くなるからなのです。

この法則に照らして考えた場合、本来ならばキースの妻メーガンは、夫に対して理解があり、音楽家として食べていくという彼の夢を（家計を支えるためにわざわざパートでもしながら）一緒になって追うような妻として描くはずです。

そうしないとキースのなかでソフィーへの想いに「罪悪感」が芽生えづらくなり、メロドラマとしても葛藤が弱くなります。

ところが、この映画ではすでに何度もお伝えしてきたように、メーガンはむしろキースの想いをないがしろにし、それどころか初対面のソフィーがその場にいるにもかかわらず、彼の面子を潰すような発言をします。

そして、何よりキースが最も大切にしている音楽自体を軽視するような発言や態度を何度も何度も繰り返していきます。

これはジャンル映画としては明らかに定石違反ですし、普通なら失敗とされてしまう作劇です。

ところが、実際にこの映画をご覧いただくとお分かりになるかと思いますが、どう考えても失敗ではないのです。

それどころか、妻の態度が定石違反であることが、むしろこの映画を面白くしていると言っても過言ではありません。

そこでぼくは「この映画は不倫メロドラマのフリをしているだけで、実際にやりたいことはまったく別のものなのではないか」と感じるのです。

実はキースとソフィーがしていることが不倫かどうかなんてことは本当はどうでもよく、それどころかふたりの恋の行く末がどうなるかにすら作り手はさほど興味もなく、むしろこの話は、一見妻を悪者に設定することで、また娘を想像力のない少女として描くことで、単に優柔不断で自己憐憫の強い「夢を諦めきれない中年男」が「男性性の弱さにかまけて自己開示できない心持ち」をひたすら追いつめていくことそのものが目的なんじゃないのか、という気がしてくるのです。

もちろんキースが感じている「心の苦しみ」自体はたしかに気の毒ですし、多くのひとが共感するものだとも思います。

実際、ぼくもとても共感し、家庭内で孤立していた彼にとって、ついに理解者となるソフィーが現れたことや、彼女とキースが相思相愛になっていく過程そのものには大きな救いも感じました。

しかし、キースが本気で音楽家として生きていきたいのであれば、またそのことが現状のありとあらゆることと比べても譲れないことなのだとしたら、たとえ妻や娘が無理解だとしても、すべてを擲ってでも勝負に出ているのではないか、と思うのです。

つまり、「殻」を破る行動に出るはずなのではないか、と。

以下は具体的なエピソードとしては表出してこない要素なので、あくまで想像にすぎませんが、おそらくは今から17、8年前、メーガンがローレンを妊娠したとき、キースとメーガンはまだ籍を入れていなかったのではないかと思うのです。

つまり、ふたりはでき婚だったのではないか。

もし仮にそうではなかったとしても、ローレンが生まれた時期と前後して、キースは生活のために音楽家の道を諦め、音楽教師という職を選んだのは事実です。

その当時、メーガンはキースの選択に対して申し訳なさを感じたかもしれませんが、おそらくはそれ以上に感謝し、喜んだことでしょう。

彼女のために、彼女を愛しているが故に、そして彼女とこれから生まれる子供とともに家庭を作るために、とキースが「腹をくくった上」で選択した行動だと、信じたはずだからです。

というのも、前半部を観るだけでも、メーガンが「家庭的であろうとすること」へのこだわりをいかに強く抱いているかが分かります。

良妻賢母として家族に尽くし、娘を可愛がり、近隣の住民や親戚らとの関係性を強化してゆくこと、そしてそれらを守り続けること等が、彼女にとっていかに重要かつ特別なことかというのは後半部に至るまでまったくブレることなく貫かれています。

それらがメーガンの母親から伝授されたものなのか、あるいは逆に母親への反発から来るものなのか、さらには父親との何らかの関係性によるものなのか等は分かりませんが、いずれにせよ、ここまで強い信念で行動する人物である以上、メーガンは独身時代から「その素振り」を絶対にキースにも見せていたはずです。

そして、自分が家庭というものにいかに重きを置いているかということを、当時は恋人であったキースに対し、数多くの言葉や行動を通じて、繰り返し繰り返し伝えてきたはずなのです。

もしも「いやいや、こんなはずじゃなかったんだ。メーガンが家庭を大事にすることにこだわっているだなんて、結婚してみるまでぼくはまったく知らなかったんだよ」とキースが言うのであれば、問題はさらに深刻です。

キースは最愛のメーガンが言うことを、彼女がこの世で最も大切にしていることを、実はまったく聴いてこなかったということになるからです。

残念ながら、この可能性は否定できません。

というのも、実は劇中に何度かキースがボーッと意識が外れる瞬間があります。いわゆる「ねぇ、私の話聴いてる？　と女性から言われてしまう男状態」に陥ってしまうのです。

もしかしたら、この映画の中でメーガンが必要以上にキースに辛く当たっているように見えるのは、あらゆる面でキースの行動に覚悟がなく（メーガンの妊娠が不用意な出来事だった可能性はあります）、かといって変化を受け入れる気もなく（過去に、音楽活動を諦めるとメーガンに伝えてしまっているのは明らかです）、そのうえで他者への関心が低く（メーガンとの会話はすべて表層的です）、いつまでも過去に囚われ（どうせ言ったところで伝わらないだろう、と閉口してしまうことは一度や二度ではありません）、自己憐憫に陥り（こっそりとバンドマン時代の写真を隠し持ち、ひとりで眺めつつ、見つかりそうになると隠してしまう）、尚かつ自己開示をしないで想いを溜め込む（メーガンの発言に言い返すことは可能なはずなのですが、それをしようともしない）から、なのではないでしょうか。

果たしてキースは本当に「音楽で食べていく覚悟」があるのでしょうか？

本当は「音楽で食べていく覚悟があったのに、それが叶わなかった俺」という過ぎ去った時間を隠れ蓑にして逃げているだけなのではないでしょうか？

もしそうだとしたら、この先ソフィーとの関係はうまくいくのでしょうか？

自分が救われたというだけではなく、ソフィーのことをきちんと救うことはできるのでしょうか？


冒頭でぼくは、この映画のことを「ロッキーになり損ねた男の話」と申し上げました。

たしかにそうなのです。キース・レイノルズは現実的で、臆病で、諦めがちな男です。

そういう意味で、今のままではロッキー・バルボアにはなれない男かもしれません。

ですが、実はいつだって、どの瞬間にだって、キースがロッキーになれる可能性はあるはずなのです。

ロッキーを変えたのは、チャンピオンのアポロではなく、セコンドのミッキーでもなく、恋人のエイドリアンでもありません。

ロッキーを変えたのはロッキー自身です。

キースを変えることができるのも妻のメーガンでも、娘のローレンでも、不倫相手のソフィーでもなく、キース自身なのです。

そのことに気づいたとき、キースは「ロッキーになり損ねた男」ではなくなり、彼自身の人生を彼らしく生きられるようになるはずです。

実際にキースがどのような選択をし、どのような行動に出るのかは、是非映画をご覧になって確認してみてください。

いずれにせよ、この映画を通じて、監督のドレイク・ドレマスはキースという人物を徹底的に追いつめていきます。

その追いつめ方は一見静かで繊細ですが、実はとても熾烈で過酷です。ほとんど憎しみを抱いているのではないかと感じるほどです。

ですが、ラストシーンに至ってぼくは、ドレマスが実はキースのことを応援していたのだと気がつきました。

人知れずキースのことを誰よりも心配し、誰よりもしっかりと見つめていたからこそ、この映画は「眼差しの交錯」という演出方法を大切にしてきたのではないか。

もしかしたら、ドレマスがキースに向けた眼差しは、世界中にいる「ロッキーになり損ねた男たち」に向けた、ちょっと（というか、かなり）厳しめの餞別なのかもしれない。

ラストシーンに登場する「あるショット」を観て、ぼくはそのように感じたのです。

皆さんはどのようにお感じになりましたか？

それでは、次回またお会いしましょう。

14

交際6年目のカップルがわずかな軋みをきっかけに愛情を取りこぼしてゆく物語

『6年愛』
6 Years
2015年　アメリカ　79分
監督：ハンナ・フィデル
脚本：ハンナ・フィデル
キャスト：タイッサ・ファーミガ／ベン・ローゼンフィールド／リンジー・バージ／ジョシュア・レナード／ジェニファー・ラフルール　ほか

今回取り上げる作品は『6年愛』。

2015年に制作された低予算のアメリカ映画です。とりたてて派手なことは起きませんし、ともすると地味な作品にも見えかねませんが、恋愛経験のあるひとなら誰もが思い当たる「男女のわずかな感情のすれ違いによって、関係性が崩壊していくプロセス」を驚くほど繊細かつリアルに描写した傑作です。

個人的には、2015年に観た映画の中でダントツに魅力を感じた作品で、雑誌やラジオなどのランキングでは同年のベストワンに選出しました。

DVDなどのソフト化はされていませんが、「Netflix」で鑑賞可能です（2017年2月現在）。この機に是非紹介させてください。

まずは、いつものようにあらすじを確認していきましょう。

メラニー・クラークとダン・マーサーは、テキサス州オースティンに暮らす交際6年目のカップルです。メラニーは現在大学3年生、ダンはひとつ年上の4年生で卒業と就職を控えています。

半同棲状態のふたりは周囲が羨むほど仲が良く、どこへ行くにも何をするにも常に一緒です。週末にはサイクリングやキャンプを繰り返し、夜になると毎日のようにベッドで愛を交わしています。

まるで「付き合いたてのカップル」のような彼らを見ていると、交際歴６年とはとても思えませんし、このさき関係性が崩壊するなんて想像だにできません。

しかし残念ながら、軋みは静かに、そして確実に近づいていたのです……。

軋みの正体は、いわゆるメロドラマに登場しがちな「劇的な出来事」や「事件」の類いではなく、ふたりの関係性そのものにあります。

長年連れ添ってきた夫婦のように、あまりにも自然体で接してきたが故に生じた「相手に対する思い込み」と「依存」が軋みを生み出していく。

まずはこの点が『6年愛』という映画が持つリアリティに対する誠実さです。

例えば、メラニーは最近、心に思っていることがあります。

このままダンと交際を続け、26歳までには結婚し、子供を産みたい……。

愛するひとと交際していれば誰もが考えるであろう、ごくごくありふれた願望ですが、ひとつ問題がありました。

肝心のダンが「そのこと」を知らないのです。

彼の想像力が欠落しているからではありません。メラニーが伝えていないからです。


言うと彼が臆してしまうのではないか、逃げられてしまうのではないか、という不安からくる配慮ではありません。

言わなくても大丈夫、むしろわざわざ言う必要もない。ふたりの関係性はこのまま変わらず、すべては順調に進むだろうとメラニーは考えているのです。

一見すると、前向きな楽観主義ともとれる彼女のこの思考は、実は極端な主観性によって生み出された「思い込み」であり「依存」です。

いやいや、そんなの若いんだから仕方ないじゃん！ と仰る方もいるでしょう。

ぼくもそう思います。そう思って観はじめるわけですが、映画は徐々に、メラニーの内面に存在する年齢や経験値とは無関係の「個人的な思考のクセ」を暴いていきます。


ひとことで言うと、メラニー・クラークは「変化」を極端に恐れる人物です。

彼女は、居心地が良い（と感じた）環境や物事に対して、「そのままの形」での維持や継続を強く望む傾向があります。

その結果、新しく起きた出来事には「懐疑心」や「不安」を抱きやすく、それを押してまで受け入れたり対応しようとすると、瞬時にストレスを感じ、冷静さを失ってしまう。

良く言えばピュアですが、悪く言えば少し幼い思考の持ち主なのです。

そのため、就職を控えたダンが、徐々に「社会性の思考」を持ちはじめている（変化を受け入れている）ことに、メラニーは気がついていません。

ダンが一足先に卒業しようとしているのは大学だけではなく、この6年間メラニーと共有してきた「幼年期の思考」なのです。

ところで、人間の恋愛感情は3年で期限切れになるそうです。

なんだか身もフタもないといいますか、少々残念な気もする話ですが、この「賞味期限3年説」はもはや定説として世界中で広く認知されています。

なぜ恋愛感情には期限切れがあるのでしょう？　そもそも恋愛感情とはどのように発生するものなのでしょうか？

通常、ひとが恋に落ちると、脳内にフェニルエチルアミン（以下、ＰＥＡ）というホルモンが分泌され、互いに「ときめきを感じるようになる」と言われています。

ところが、時が経つにつれＰＥＡの分泌量は徐々に低下、出会いから3年を経過するころには、ほとんど分泌されなくなるそうです。

その結果、付き合って3年以上経ったカップルは、互いの存在に「異性としての魅力」を感じなくなる。

つまりは、恋愛対象者として「飽きてしまう」のです。

一方で3年が経過すると、新たなホルモン（βエンドルフィンとセロトニン）が発生すると言われています。

これらのホルモンには、安心感や安定感、あるいは穏やかさや居心地の良さなど、いわゆる「幸福感」を感じさせる効果があります。

初期段階には存在した「ときめき」を感じられなくなる代わりに、一緒にいてリラックスできる相手という認識を得られるようになる。

つまりは「変化」が生じるわけです。

この変化はカップルが次の段階へと進む試練であり、むしろ喜んで受け入るべきものなのかもしれません。

一方で、過ぎ去った〈ときめき〉に執着してしまった場合、いとも簡単に倦怠期に陥ってしまう（少なくとも、そう感じてしまう）という危険信号でもあります。

これらの点を踏まえ、話を物語に戻しましょう。

ある日、ダンとメラニーは友人のパーティーに参加します。

気の置けない仲間たちとの宴席は大いに盛り上がり、ふたりとも充分に楽しんでいます。やがてダンはメラニーを残し、一足先にアパートへと帰ることになりました。

ここ1年近く、地元のインディーズ専門のレコード会社でインターンとして働いてきたダン。明日は出勤日で朝が早いのです。

一方、メラニーはひとしきりパーティーを楽しんだあと、酩酊状態のまま女友だちを車で送り、帰宅します。すでに眠っていたダンは目を覚まし、楽しげなメラニーを微笑ましく受け入れます。

ところが、メラニーが飲酒運転で帰宅したことを知るや、ダンは激昂するのです。

「どうしてぼくを起こさなかったんだ！　電話してくれれば迎えに行ったのに！」

思いがけず（この〈思いがけない〉ところがメラニーの幼さでもあります）強い言葉を浴びせられたメラニーはショックを受けます。

「だって……寝ているあなたを起こすのは悪いと思ったから」

心に思っていたことを素直に話すメラニー。彼女からすると、飲酒運転をしたのはダンに対する気遣いの結果なのです。

しかし、ダンは納得がいきません。

そんな水くさい気遣いをされるよりも、心配させられることのほうがよほど負担を感じるからです。

もちろんそれはダンがメラニーを愛しているが故のことです。

一方、楽しかったパーティーの記憶を台無しにされた……そう感じたメラニーは、一気に不機嫌になります。

「もういい。今日は帰る。自分で運転して自分のアパートに帰るから」

当然ダンは止めますが、メラニーは抵抗します。その挙げ句、酔った勢いもあってメラニーは力任せにダンを突き飛ばしてしまいます。

転倒したダンはチェストに後頭部を強打し、出血。

我に返ったメラニーは謝罪し、大慌てで救急車を呼ぶのです。

病院で治療を済ませたあと、彼らはナースから「事件」の状況を尋ねられます。

ダンは「事件性」を否定し、自ら転んで頭を打った、と説明します。

彼の〈大人な対応〉に、メラニーは自分の幼さを改めて気づかされたようで、バツの悪い思いを抱きます。

翌日、ダンは職場のレコード会社に毛糸の帽子を被って出勤します。もちろん頭の傷を隠すためです。

先輩の女性社員アマンダから「どうしたの？　真夏なのに帽子なんか被って」と訊かれるダン。

病院では隠していたにもかかわらず、ダンは「同棲相手のメラニーと喧嘩になり、突き飛ばされて頭をぶつけた」と正直に話します。

この場面は危険な瞬間です。

男性が「パートナーのミスを話すことができる異性」というのは要注意人物だからです。アマンダに対し、ダンがいかに心を開いているかが分かるだけでなく、彼がメラニーを愛してはいるものの、彼女の〈性分〉に関しては「もうすでにかなり前から」嫌気が差していることも窺わせるこの描写は、さりげなくもとても恐ろしいシーンで、映画に不穏な気配を漂わせはじめます。

「じゃあ、たまには息抜きしなきゃね」

アマンダは邪気のない笑顔で、ダンを地元バンドのライブへと誘います。


一方、メラニーは小学校に赴き、教育実習生として子供たちと楽しく過ごします。

現在大学3年生の彼女は、小学校の教諭を目指しているのです。

無邪気な子供たちと過ごすことで「昨夜の不快情動」を忘れていくメラニー。その表情には、これまで見せたことがないような安心感が溢れています。


ダンが「将来のために」と接しているのは、音楽業界で生計を立てている自立した大人たち。片や、メラニーが「将来のために」と接しているのは、まだ社会とは接点を持っていない子供たちです。

ふたつのシーンを対比して見せられたことで、観客はダンとメラニーが見つめている世界観の差を明確に知ることになります。

ここまでで約11分が経過。映画『6年愛』のセットアップが完了しました。

多くの観客が予測を立てる通り、物語はこのあと「アマンダと一線を越えるダン」と「その事実を知ってしまったメラニー」とが、6年という時間をかけて育んできた愛を取りこぼしていく様を描いていきます。

これはネタバレではありません。

実際、この映画には「ストーリー上は」それ以上のことは起きませんし、大きく予想を覆すような出来事も発生しないからです。

だからといって『6年愛』が退屈でつまらない映画に堕ちることは一切ありません。

本作の魅力は、ふたりの男女の心のすれ違いと、そこから派生する関係性の崩壊プロセスを徹頭徹尾冷静に見つめ続ける点にこそあるからです。

脚本と演出を手がけたのは、アメリカ人の女性監督ハンナ・フィデル。

個人的には、2010年代にデビューした映画作家のなかでは「最重要人物」だと考えているのですが、日本ではあまり注目されていないようで、とても残念です。

ちなみに現在、日本で観ることができるフィデルの作品は、今回の『6年愛』と、すでにDVDでリリースされ、「Amazonプライムビデオ」にもリストアップされている『女教師』の2本です。

フィデル作品の大きな特徴と魅力は、恋愛や性愛を軸に発生する普遍的な男女の心情のズレと、その結果動きはじめる「女性心理の無垢な不安定さ」を、やや病的に繊細なエピソードと描写で紡いでゆく点にあります。

とりわけ「女性心理の無垢な不安定さ」に関しては、作家としての眼差しが際立っていて圧倒されます。

ところで、女性作家による小説作品や女性エッセイストによるエッセイの類いでは頻繁に取り上げられる「恋愛を軸にした女性の内面描写」は、通常、映画では割愛されがちです。人間の内面に発生する感情自体が、映画という媒体ではそもそも表現しづらいものだとされているからです。ましてや「細やかな女性心理」を扱う場合は、なお難しいとされています。

ところが、フィデルの映画は「それ」を平然と映し出してしまう。この点が彼女の映画が持つ類い希な魅力であり、特徴です。

納得できないと感じる方もいるかもしれません。

観てみたけど、ちっとも映し出されてなんかいなかったぞ、と。

実際、フィデルの2作品に関するネット上の映画ファンのレビューには「退屈だった」とか「何も起きていなかった」という書き込みがいくつか見られます。

退屈だったと感じるのは、そもそもがフィデル映画の「企画の眼差し（扱っている題材とモチーフ、またそこから呼び込まれたストーリーライン）」に起因するものでしょうから、「映画に何を求めるか」によっては否定的に捉えられてしまうのも致し方ないと思います。

しかしながら、「何も起きていなかった」という意見に関しては、さすがに少々乱暴なのではないか、と感じます。

というのも、フィデルのアプローチは単に超がつくほど現実的で、いわゆる「映画的」とされている構築方法とは異なるだけだからです。

例えば、ヒッチコックの諸作や初期スピルバーグが得意としていた、カメラワークやカット割り、編集や音楽効果によって生み出される映画的高揚感とは無縁ですし、かといって演劇的な俳優の身体表現や台詞によるドラマツルギーとも異なります。

さらには、ヌーベルヴァーグと称される一連のヨーロッパ作品にあるような、強烈な哲学に根ざした強固な構造や作家性を想起させるほどのクセも、一見すると存在しません。

あくまでも「いま、ここ」に「ある心情を抱えた生きた人間がいる」という状況を作り上げ、役柄と完璧なまでに同調した俳優の「顔」を的確な位置から撮影することで「内的に発生している感情」を観客に類推・記憶させ共感的に物語を紡いでいく、というのがハンナ・フィデルのスタイルです。

これは現実世界での人間関係の再現に近いアプローチとも言えます。

例えば、男女間のトラブルとしてよく取り上げられる、デート中に発生するいくつかの事件。

喧嘩の最中に交際相手の女性が「もういい！　話したくない！」と口にしたとして、男性側がその言葉を鵜呑みにしてだんまりを決め込むと、今度は「なんで黙ってんのよ！」と怒られる。その結果、「だって、話したくない、って言ったじゃん」と男性が返すと、「女心が分かってない！」と、さらに怒られてしまう。

このとき、目の前の女性は「もういい！」と言いながら、内心では「全然よくない！」と考えているということが、きちんと共感性をもって感じとろうとすれば充分分かるはずなのですが、残念ながら分からない男性はたくさんいます。

ここで重要なのは、目の前の女性の「顔」には、その内心の動きが「映し出されていないのか」と言われれば、実は「ハッキリと映し出されている」はずだ、ということです。

これはつまり、もしそこにカメラが存在していたら、「映る」ということでもあります。

あるいはデート中、やはり目の前の女性が「今日こんなことがあってさ……」と職場での愚痴をこぼしはじめたとします。

やがて、ものの数分もしないうちに男性側が話を遮り、「ああ、それならこうするべきだったよ」とか「いや、分かるけど、君もそのひとに対して厳しすぎるんじゃない？　そういうとこ直したほうが人間関係はスムーズになるんじゃないかな」などと「解決策」を提示してしまう。その結果、女性に怒られるか、女性が不機嫌になり帰ってしまうというケースは多々あるのではないでしょうか。

この場合も「大変だったね、と言ってほしいだけなのに……」とか「説教されたいんじゃなくて、ただ愚痴を聴いてほしいだけなのに……」という、目の前の女性の内心の動きは、実は「顔」に「映し出されている」はずです。

ということは、やはりこの場合もカメラがあったら「映る」ということになります。


これらの「見ようと思えば見えるはずなのに、見ようとしなければちっとも見えない」という女性の内面の動きを平然と映画に取り込んでしまうのが、フィデル映画のフィデル映画たる所以なのです。


必然的に問われるのが俳優の力量です。

今回の『6年愛』では、メラニー役がとりわけ重要になってきます。

メラニーを演じたのはタイッサ・ファーミガ。第11回で取り上げた『ファイナル・ガールズ 惨劇のシナリオ』で主人公マックスを演じていた若手女優です。

ご承知の通り、あの映画はフィクション性が高く、ある程度カリカチュアされた芝居が求められる内容だったので、演技面でも「カタチを全うすること」が最重要課題でした。

しかし、今回はまったく異なる質の演技が要求されます。

メラニーという人物を「あたかも現実に存在している生きた人間」と見紛うほどに「なりきって魅せる」必要があるからです。

実際、本作でのファーミガは『ファイナル・ガールズ 惨劇のシナリオ』での彼女とは別人です。髪形やメイクはほぼ変わらないのですが、表情や発声、佇まいは、まるで別世界の人間であるかのように異なります。

ファーミガの「未開発の領域」をフィデルが見事に引き出すことに成功したと言えるでしょう。

撮影現場に於ける、監督がすべき仕事の最重要事項のひとつは、俳優が役柄の気持ちにスムーズにフォーカスを合わせられるようにすることです。そのためには、これまでもたびたびお伝えしてきたように、リザルト演出をしないように心がけなければなりません。

監督が事前に脳内で組み上げた「結果（リザルト）」にこだわりすぎてしまうと、イメージの枠組みに俳優をはめ込もうとしてしまいがちです。その結果、ともすると俳優の自意識ばかりを刺激してしまい、芝居に集中できなくなり、役柄から遠のいた状態が映し出されてしまう。

フィデルの現場を見たことがないので、100％事実だとは言えませんが、彼女の描く世界観の繊細さや現実感を鑑みるに、おそらくは俳優とも相当綿密なコミュニケーションを図っているはずです。

とりわけ、投げかける言葉に関しては慎重に慎重を期して伝達し、傾聴し、共感しながらポテンシャルを引き出す工夫をしているのではないか、と推察します。

実際、本作でのファーミガの（ありきたりな表現ですが）「自然さの魅力」は、昨今のアメリカ映画に於ける若手女優の芝居のなかでは群を抜いています。

例えば、前述のシーンと対になるように酔っ払って帰宅した恋人・ダンとキスをする場面で、彼が何の気なしに「あれ、また煙草吸ったの？」と口にした際のファーミガのリアクションの細かなリアルさには舌を巻きます。

その後、就寝前にふたりで洗面所へ行き、並んで歯を磨くくだりでは、ダンに気づかれないように煙草の臭いを消そうと一瞬舌を磨くのですが、その動きと表情のさりげなさはカメラがあることを全く意識させない見事さです。

ほかにも中盤で、ダンに誘われたメラニーがレコード会社の面々によるホームパーティーに参加した際の「気後れしてしまい、居心地の悪さを感じていること」を「感じとられないようにしている」芝居や、冒頭のパーティーシーンと対になるように、今度はメラニーが「明日が早いから」とダンを残して会場を去る場面での「本当はダンに後を追ってきてほしいのに……」と想いながら振り返る芝居などは、あまりにも繊細かつ的確な表現で驚かされます。


ファーミガの芝居と呼応するかのように、ダン役のベン・ローゼンフィールドも自身のキャリア史上最高の演技を見せています。

とあるシーンのなかで、年上の女性上司アマンダとキスをしてしまったあと、後ろめたさを感じ、メラニーの朝食用にとベーグルと青汁を買って帰宅するくだりなどは、表情と仕草が実に細かく、感心させられます。

さらに、まさかアマンダとキスしてきたとは夢にも思っていないメラニーからキスを求められる場面。唇を合わせた刹那、敏感に違和感を察知して、不安げな顔をしたメラニーの気持ちを誤魔化そうと、極力さりげなくセックスにもつれこもうとするダンの焦りの表現など、ローゼンフィールドの絶妙な芝居が随所に見られます。

主演ふたりの芝居合戦は一見地味ですが、この映画の大きな見所のひとつなので、是非細かい部分まで共感しながらご覧になってみてください。

ところで、先にお伝えしたように、ぼくはフィデルを昨今の映画作家のなかでは「最重要人物」だと思っているのですが、一方で彼女が現時点で今ひとつブレイクしきれずにいるのは止むなしだとも感じています。

というのも、フィデルの「登場人物の内面感情への度を超した執着」は、彼女の最大の持ち味でもあると同時にちょっとした弱点にもなっていると思うからです。

とりわけ脚本の組み立て方に関しては、少なからず危なっかしさを感じます。

簡単に言うと、「登場人物の心の中で起きている感情」に「頼りすぎ」な場面が散見されるのです。

今回は主人公カップルの感情が「ズレていくこと、そのもの」を物語の軌道として設定しているため、メラニーとダン双方の個別シーンをカットバックしながら対比していく作劇が功を奏しています。

しかし、これは『6年愛』という映画の「企画の眼差し」から呼び込まれる「大きなアイデア」と、その大きなアイデアを肯定したうえでの「細かいレベルでの（つまりシーン単位での）作劇」が合致した幸福な事例にすぎません。

今後もっと登場人物が増える作品を担当することになった際には、様々なキャラクターの多様な価値観が入り乱れるドラマや、内的思考の強い人物が外側の世界によって突き動かされるストーリーを描く力量が問われるはずです。

その場合、演出上の眼差しは現状のまま活かせるにしても、脚本に関しては明らかにアプローチの異なる作劇術が必要になります。

その点、現段階でのハンナ・フィデルの脚本執筆能力には、やや不安が残ります。

簡単に言うと、『女教師』と『6年愛』を観る限り、フィデルの作劇の発想は「やや直列的すぎる」のです。

超現実感を追求したいが故かもしれませんが、常に「メインの登場人物と直接関わりを持つ人物」が「直前に起こしたこと」に反応するかたちでしか物語が前に進んでいかない。

この点については、やや問題があると言わざるを得ません。

現時点で、フィデルは物語世界を複眼的に捉えたり、その感覚をストーリーラインにブレイクダウンすることができずにいるのではないか、と感じます。

以下はまったくの想像ですが、もしかしたら彼女は「自分ひとりで脚本を書くこと」にこだわりすぎなのかもしれません。

もちろん、フィデルの映画作家としての感性は本当に素晴らしく、他の追随を許さないほど個性派として抜きん出ていると思います。

しかし、そういった独特で繊細な眼差しを持っている監督というのは、総じて「個々の描写」は長けていたとしても、ストーリーテラーとしてはやや視野が狭くなりがちです。

日本で紹介されている彼女の2作品が、どちらも70分台という不自然なランニングタイムに落ち着いているのは、企画の発想がそもそも中編的で、長編映画としてのポテンシャルが足りていないためだと思います。

やや強い言葉を用いれば、物語の世界が小さいのです。

誤解をしないでいただきたいのですが、物語の世界を大きくするために「ハリウッドの大作のようなストーリーライン」を辿るべきだと言っているのではありません。

大衆受けする要素、例えば宇宙人やロボットやモンスターなどを出したりすべきだと言っているのでもありません。

ただ単に、まっとうな長編作品になり得る、少なくともアメリカ映画の平均上映時間である98分というランニングタイムを成立させる「葛藤のうねり」を呼び込む必要があるのでは、と思うのです。

この点では、前回取り上げた『あなたとのキスまでの距離』のドレイク・ドレマスに、明らかに水をあけられていると言わざるを得ません。

率直に言って、彼の感性とフィデルの感性には共通している点があると思います。

実際、ドレマスのデビュー作『今日、キミに会えたら』と今回の『6年愛』は、アメリカ製インディーズ映画のファンから（好意的な意味で）比較されたり、類似点を指摘されることが多いようです。

しかし、ドレマスの作品のほうが「より多くの、より多様な価値観の観客たち」に支持されている事実は（余計なお世話かもしれませんが）、簡単に無視してはいけないものなのではないか、と思うのです。

その差が生まれている理由を、ぼくはズバリ、共同脚本家がいるかいないかの違いだと感じています。

ご承知の通り、ドレマスは『今日、キミに会えたら』と『あなたとのキスまでの距離』の脚本をベン・ヨーク・ジョーンズとふたりで執筆していました。

フィデルの類い希なる才能をさらに世に広めるためには、そういった「基本的な価値感を共有できている他人」との共同作業が必要なのではないか。

似て非なる眼差しを「発想の味方」につけることが大切なのではないか。

まったくもって余計なお世話だとは認識しつつも、そんな風に思えてならないのです。

皆さんはどのようにお感じになりますか？

それでは次回、またお会いしましょう。

15
自己開示できない男性性の弱さを切実かつチャーミングに描いた正義の映画

『人生はローリングストーン』
The End of the Tour
2015年　アメリカ　105分
監督：ジェームズ・ポンソルト
脚本：ドナルド・マーグリーズ
キャスト：ジェシー・アイゼンバーグ／ジェイソン・シーゲル／アンナ・クラムスキー／ジョーン・キューザック　ほか
DVD ¥1,280+税　発売・販売元：ソニー・ピクチャーズ エンタテインメント

皆さん、こんにちは。

これまで本コラムをお読みいただき、本当にありがとうございました。

突然ですが、『これ、なんで劇場公開しなかったんですか？』は今回をもちまして終了となります。

特になにか問題が起こったとか、そういったことではありません。急にやめることになったわけでもありません。

ただ単に開始当初から全15回と決まっていたのでした。

まだまだ皆さんにご紹介したい作品はたくさんあるのですが、残念ながら致し方ありません。いつかどこかでまたお会いできたら、と思っております。

というわけで、最後の一本です。

今回取り上げる作品は『人生はローリングストーン』というアメリカ映画です。

2016年に観た映画のなかではダントツに面白かった作品で、各所で個人的な年間ベストワンに挙げています。

例によってあまり注目されていないようなので、この機に是非紹介させてください。

では、早速あらすじを確認していきましょう。

と、その前に、今回の『人生はローリングストーン』は実話ベースの作品なので、先に概要をざっくりとご説明したいと思います。

2008年9月12日、アメリカでひとりの作家が自殺しました。彼の名はデヴィッド・フォスター・ウォレス。享年46。多作で知られるウィリアム・T・ヴォルマンと並んで、トマス・ピンチョン以降のポストモダン文学の旗手と呼ばれていた小説家です。

ウォレスは1987年、処女長編小説『ヴィドゲンシュタインの箒』でデビュー。その2年後、アンソロジーの一篇『奇妙な髪の少女』を発表したのち、ノンフィクション作品を数篇経て、1000ページを超える大作『Infinit Jest』(96年刊。未訳)を発表。本国アメリカを中心にウォレスは一躍有名になります。

偏屈な性格で知られた彼は、実際には青年期に発症した鬱病に長年悩まされ苦しんでいただけでなく、才能の枯渇を恐れヘロインを過剰摂取していたというような「黒い噂」もあるひとでした。

そんななかでの、突然の自死。

希有な才能として本国では今なお語り継がれているウォレスですが、作品のほとんどが未訳のため、日本での知名度が低いのは残念な限りです。

そんな孤高の作家デヴィッド・フォスター・ウォレスのひととなりを知るための絶好の書と言われているのが、彼の自殺後に発表された回想録『Although Of Course You End Up Becoming Yourself: A Road Trip with David Foster Wallace』です。

執筆したのはアメリカの作家デヴィッド・リプスキー。

96年に、ウォレスが『Infinit Jest』の書店ツアーで全米を回っていた頃、5日間に亘って同行取材をしたのがリプスキーでした。

そのとき過ごした「ふたりきりの時間」を振り返るように書かれたのが、前述の回想録です。

当時リプスキーは30歳。

処女長編小説『The Art Fair』を出版したばかりの新人作家でした。

残念ながら『The Art Fair』は、当時あまり話題にならず、批評家からも注目されなかったそうです。

小説家としてまだまだ食べてはいけなかったリプスキーは、音楽や政治、大衆文化を扱うことで知られる雑誌『ローリングストーン』の契約記者を生業にするしかありませんでした。

生活するには困らないものの、作家としては認められていない。

そんな境遇のリプスキーにとって、自らの処女作と同年に発表され、批評家から大絶賛を浴びた『Infinit Jest』の作者であるウォレスは、憧憬と嫉妬という愛憎の感情が入り乱れる特別な存在だったに違いありません。


映画『人生はローリングストーン』は、先の回想録を原作に、リプスキーとウォレスという「ふたりのデヴィッドの5日間の旅」を描いたロードムービーです。

全編ほぼ「会話劇」という作りのため、ハイコンセプト好きの方からすると、退屈で地味な映画という印象を抱いてしまうかもしれません。

実際、映像的なケレン味や劇的な展開は皆無ですし、終始セリフの応酬が続きます。


でも、そこが良いのです。

正直、ちょっとどうかと思うほどに良いのです。


『人生はローリングストーン』は、単に台詞が多いというだけではなく、「言葉」そのものを大切にした映画です。

言葉を交わすという行為自体に着目し、ひととひととが会話をする、あるいは対話を繰り返すとはどういうことなのか？　いったい何をどれだけ話せば、ひとはわかり合えるのか、あるいはわかり合えないのか？

そういった人間関係の根底に鎮座する「バーバル・メッセージを通じた相互理解」の重要性と可能性を、作家という「言葉とともに生きている」ふたりの人物を軸に据えながら、時にシビアに時にユーモラスに描いていきます。


この映画が大量の言葉を通じて明確化させるのは、自己開示が苦手な生き物である「男性性」の特質です。


リプスキーはインタビューを繰り返しながらも、孤高の作家として高みを追求していくウォレスの才能に嫉妬するあまり、なかなか心を開くことができません。

片やウォレスはインタビューを受けながら、有名雑誌の記者として社会とのバランスを構築するリプスキーの才能に嫉妬し、心を閉ざします。

互いにないものねだりをくり返し、あるもの探しからは目をそらしてしまうふたりのデヴィッド。

自らを開示したくても、なかなかできない。

それ故に苦しみもがき続ける彼らは、立場や出自は違えど実は似た者同士なのです。

興味深いのは、映画の中で描かれる彼らの姿が決して特別なものではなく、世の男性の多くが我が身のように感じるであろう「弱さ」を内包している点です。

つまりは、極めて「男性的」である。

いわゆるマッチョイズムとは極北にありながら、リプスキーとウォレスの一挙手一投足から見えてくるのは、まさに男性性の弱さ以外の何物でもありません。

それらを徹底的に切実、かつチャーミングに魅せていく本作は、劇場未公開作品にしておくのが本当にもったいないほどの素晴らしい出来映えです。

それにしても何故、男性は自己開示が苦手なのでしょうか？

古今東西、男性は弱音を吐くべきではない、男性は我慢すべきであるといった社会通念がプレッシャーとなり、自己開示しにくい思考が育まれてしまう、という説が有力です。

もう一方でよく取り沙汰されるのは、性差にまつわる問題。男性はシステム化能力に優れ、女性は共感能力に長けているという説があるのです。

一時期、『話を聞かない男、地図が読めない女』という本が大ヒットしましたが、あそこで触れられているのはまさにこの問題と言えるでしょう。

システム化能力と共感能力の優劣は、性による差別ではなく、あくまでも区別にすぎません。

元来それぞれの性が持つ脳の仕組みには構造上の差異が存在し、良いも悪いもなく「男性脳」と「女性脳」という、ふたつの特質に分かれてしまうとされているからです。

もちろん、男性でも「女性脳」の特質（共感能力）が高いひともいますし、女性でも「男性脳」の特質（システム化能力）が優れているひとも存在します。

ですが大抵の場合、「システム化は優れているが共感性は劣っている」という傾向が、男性に、より多く見られるのは疑いようのない事実です。

つまりは、情報処理には長けているが、感情処理は不得手であるということです。

実際、共感性に劣る男性の多くは、女性が得意とする「ノンバーバル・メッセージによる心理表現」を読み解くのが苦手で、論理性や情報を重視した「バーバル・メッセージによる心理表現」にこそ重きを置いているとも言われます。

例えば、女性が一生懸命「感情を優先した話題」を口にしているとき、男性は「で、オチは？」などと、個々の話題に「情報としての法則性」を求めてしまう。

これこそが典型的なシステム化の発想ですし、実際、こういった思考の男性は決して珍しくはありません。

『人生はローリングストーン』にも、システム化思考を象徴する興味深いシーンが出てきます。すでに取材を開始し、表面上は意気投合しているリプスキーとウォレスが、女性ふたりと共に映画館に向かう場面です。

１９９６年の冬、すでにシネコンが普及している当時のアメリカでは、数々の話題作が上映されていました。

一行は「さて、何を観ようか」という話になるのですが、女性ふたりの背後には、かのジェイン・オースティン原作による『いつか晴れた日に』のポスターがデカデカと貼られているにもかかわらず、ウォレスもリプスキーもまるで目もくれようとしません。

結局、ウォレスが選んだ映画は、香港出身の監督ジョン・ウーによるアクション映画『ブロークン・アロー』。

ともすると抽象的に見えなくもない女性心理を扱ったオースティンの映画ではなく、明確な法則性に則って作られているであろうことが期待できる、つまりは鑑賞時にシステム化がしやすいアクション映画を選んでしまうウォレス。

リプスキーは「それはもう観た」とウォレスに伝えますが、取材対象者である彼に遠慮して「でも、また観てもいい」と言います。

別の映画を促す「それはもう観た」という台詞は、一見すると、ウォレスよりも社会的バランスに長けたリプスキーが、同行している女性たちに配慮したかのように見えますが、公開がスタートしたばかりの『ブロークン・アロー』を「すでに観ている」時点で、やはり似た者同士であるのは間違いありません。

ここのくだりは、映画の上映中ならびに上映後の男性陣と女性陣の反応の違いも巧みに描き分けられていて、実にユーモラスな場面です。

　余談ですが、その昔メグ・ライアンが主演した映画『めぐり逢えたら』のなかで、やはり男女4人組が「映画の好み」について意見が真っ二つに分かれてしまう場面が出てきて、とても面白かったことを覚えています。

　脚本と監督を務めたノーラ・エフロンは女性ですが、とある雑誌のインタビューで「あのシーンはウチで夫と交わした会話を書き出しただけよ」と答えていました。

　ご存じの通り、彼女は『恋人たちの予感』や『ユー・ガット・メール』などの作り手で、典型的な共感性の高いタイプの作家です。

　一方で、件の夫君である脚本家ニコラス・ピレッジ氏の映画企画にスクリプトドクターとして参加したことがあるのですが、彼の脚本のなかで描かれている世界観や登場人物の台詞の質は奥さんのノーラさんとは違い、あまりにもシステマチックで驚きました。

　ちなみにピレッジ氏の代表作はマーティン・スコセッシ監督の『グッドフェローズ』や『カジノ』、リドリー・スコット監督の『アメリカン・ギャングスター』などです。

　まるで水と油のように異なるふたりの仕事ぶりに「ああ……この夫婦なら家の中で『めぐり逢えたら』のあの会話をしていてもおかしくないなぁ」と、思わず笑ってしまいました。

　閑話休題。

　さて、物語が進むにつれ、当初は心の距離が埋められなかったリプスキーとウォレスは、徐々に気を許し、自己開示をしながら親密になっていきます。

互いに小説家であるふたりの距離を縮めた話題は、いわゆる「作家としての技術論や創作論」ではなく、女性とのセックスについてです。

例えば、こんなやりとりがあります。

アルコールを口にしないふたりが、ダイナーでジャンクフードを食べながら交わす会話です。久々に日本語吹き替え版から採録してみましょう。

ウォレス「ツアーに出ると、いつも思うんだ。たまにはアッチも楽しみたいってね」
リプスキー「ああ、うん」
ウォレス「女たちがすり寄ってくるんだよ。まるで……（何か口にしようとするが、言い淀み）でも、こっちからは仕掛けたくない」
リプスキー「仕掛ける？」
ウォレス「俺からは誘いたくない。部屋に来ないか、ってね。それより「あなたの部屋へ行きたい」と言わせたい」
リプスキー「（思わず笑い）……」
ウォレス「ホテルはどこ？　ってな」
リプスキー「うんうん、そのほうが都合がいい」
ウォレス「女と見たら誘うような男とは思われたくない。実際にはそうでもね」

リプスキー「(聴いている) ……」
ウォレス「(過去の出来事を思い出し) いま思えばやめておいて正解だった」
リプスキー「どうして?」
ウォレス「寂しくなるだけだ。だろ?」
リプスキー「寂しい? なぜ?」
ウォレス「相手は〈俺〉を知らない。つられたのさ、俺の…… (何か口にしようとするが、言い淀む)」
リプスキー「名声に?」
ウォレス「(照れ笑いし) いや、まぁ、そうかな……」
リプスキー「事実だ。言えばいい」
ウォレス「(照れ笑いし) やめろよ」
リプスキー「有名人だ、って」
ウォレス「……まぁ、そうかな」
リプスキー「だけど、あなたの小説を読めばあなたが分かる。それで気に入ったなら、」
ウォレス「(聴いている) ……」
リプスキー「あなたを好き、ってことだ」
ウォレス「……」
リプスキー「でしょ?」
ウォレス「……素晴らしい」

リプスキー「どうも」
ウォレス　「君がしゃべったほうがいいんじゃないか？　そのほうが絶対に良い記事が書ける」
リプスキー「（照れ笑い）……」

このやりとりは自己開示の始まりであると同時に、ウォレスとリプスキーそれぞれの屈折ぶりが垣間見える重要なシーンです。

ウォレスは極めて優れた作家であり、孤高の芸術家でもあります。

しかし、実際の彼はジョン・ウーのアクション映画をこよなく愛し、ジャンクフードに目がなく、女性とセックスするのが大好きなのに残念ながらモテないという、どこにでもいるごくごく普通の男性でもあるのです。

一方で彼は人一倍自尊心が強く、自意識過剰で、自らが単なる俗物に堕ちてしまう可能性に嫌悪を抱くことで、社会に対する恐怖と懸命に闘っている。

それが前述の会話シーンに2度登場する「何か口にしようとするが、言い淀む」という行動に、明確に現れています。

ところが、先のシーンでリプスキーは、まだそのことに気がついていません。

プロの記者であり、ウォレスのインタビューをしている最中にもかかわらず何故？　と思われる方もいるでしょう。

実はこのシーン、リプスキーは作家としてはウォレスのように認められていない代わりに『ローリングストーン』誌に契約記者として雇われていることで、ウォレスが手に入れられずにいる社会とのバランスを取る才覚を実践していることに自負心を抱いているのです。

セックスに関するやりとりのなかでウォレスの心のブレを察知したリプスキーは、自らが矜持として抱いているバランス感覚を敏感に刺激されます。結果、わずかにウォレスの上に立つゆとりを手に入れてしまうのです。

自信を得たリプスキーは、気の利いた言葉でウォレスの自尊心をくすぐるという、屈折した社交性を発揮。

実際には自己開示でもなんでもない、カタチとしての心の距離を縮めてしまう。これこそが「現時点での」リプスキーという人間の優位性であり、限界点でもあります。

ウォレスが社会性を手に入れることができない過剰な自意識の持ち主であると同時に、リプスキーが作家として「心の殻」を破ることができずにいることをも同時に見せてしまう巧妙な作劇。

わずか1分にも満たないシーンですが、あまりのクオリティの高さに舌を巻きました。

このシーンを筆頭に、本作には「ふたりのデヴィッド」が無自覚に互いをマウンティングする瞬間が何度も訪れます。

こうしてユーモアというベールで覆われた不気味な牽制の連続に、観客は終始独特な緊張感へと誘われていくのです。

リプスキーを演じているのはジェシー・アイゼンバーグ。

ゼロ年代ソフトストーリー派作家の代表格であるノア・バームバック監督の『イカとクジラ』での演技で頭角を現した彼は、『ハンティング・パーティ』や『ゾンビランド』といった高バジェットのハイコンセプト作品に立て続けに出演したのち、デヴィッド・フィンチャーの意欲作『ソーシャル・ネットワーク』でキャリアの方向性を決定づけます。

その後も次から次へと話題作に出演、今やハリウッドきっての実力派スターへと上り詰めました。繊細さとふてぶてしさが拮抗する独特の演技スタイルは今作でも遺憾なく発揮され、リプスキーという「男性性」の「簡単には相対化されない変化・成長」を見事に表現しています。

一方、ウォレスを演じたのはコメディを得意とする俳優ジェイソン・シーゲルです。

2005年からスタートした人気テレビシリーズ『ママと恋に落ちるまで』のレギュラーキャラクター、マーシャル・エリクソン役で注目された彼は、08年、R18指定を受けた毒のあるラブコメ映画『寝取られ男のラブ♂バカンス』で、主演のみならず脚本も執筆。キャリアの方向性に変化を生み出します。11年には『セサミストリート』のキャラクターたちが大量に登場する映画『ザ・マペッツ』で主演、脚本、制作総指揮まで担当。ほかにも未公開映画の良作『憧れのウエディング・ベル』や倦怠期夫婦のセックス動画がネット流出してしまうコメディ『SEXテープ』などで主演兼脚本家として活躍しています。

本作では十八番の、ややナーバスなコメディ演技を封印し、恐ろしいほどリアルで繊細な表現で実在のウォレスの完全コピーに成功。観客の心に強烈な印象を残します。

その後も、淡々と積み重ねられる数々のエピソードを経て、ふたりのデヴィッドの関係性は転がり続けます。

ある瞬間は生涯の友に、次の瞬間には人生をかけて闘うべき宿敵にもなってしまうウォレスとリプスキー。

邦題の『人生はローリングストーン』とは言い得て妙だと感じます。

この映画は、ラストの瞬間に至るまで胸に突き刺さるような台詞が連続する作品です。どの台詞も決して難解であったり、過度に哲学的であったりするものではありません。むしろ、使われている言葉自体は平易で身もフタもなく、俗っぽいものばかりです。

しかし、それ故に映画を見終わったあとも、彼らの言霊が繰り返し繰り返し心の中を浮遊し続けるのです。

ご視聴の際は、是非日本語吹き替え版でご覧ください。

翻訳、声優の芝居ともに抜群ですのでお薦めです。

では最後に、本作でぼくが最も印象に残ったウォレスの台詞を書き起こします。

ウォレス「鬱の原因は脳内物質の乱れや酒とかじゃなくて、極めてアメリカ的な暮らしがそうさせたんだと思う。アメリカ社会には、ひとつひとつクリアしていけば人生はうまくいくって考えがあるだろ？　あの本にも書いたが……ビル火災が起きると飛び降りてしまうひとがいるだろ。彼らは恐怖を感じてないわけじゃない。ほかに考えられる選択肢が悲惨で、このまま炎に焼かれて死ぬくらいだったら、飛び降りるほうがまだマシだと思ってしまうんだ。……君が何を見てきたかは知らないが、精神的な傷のほうがタチが悪い。……昔は魂の危機なんて言われていたかもな。これまで信じてきたものが、すべて偽りのように思えてくるのさ。自分は無価値で……すべてが幻想に思えてくる。自分が他人より優れていると思っていたのは、ただの幻想で、実は何もできない役立たずだと感じる。それは……恐怖だよ。ひとは簡単には変われない。俺にはまだ弱い部分が残ってる。そいつに主導権を握られないよう、今も抵抗してる。……分かるか？」

このウォレスの長台詞には、心底ゾッとしました。
幼少期から一貫して自己評価が低いぼくにとっては、到底他人事とは思えなかったからです。
皆さんはどのようにお感じになりましたか？

さて、お伝えしました通り、このコラムは今回で終了です。

長い間、本当にありがとうございました。

毎回拙い上に長々とした文章で、さぞや読みにくかったのではないかと思います。

なんとも申し訳ない限りです。


実はこれまで、映画評論や批評の類いの仕事は、極力引き受けずにやってきました。

本業が作り手であるということも理由のひとつですが、自分自身の映画の見方に、他人様に読んでいただくような価値がない、と感じていたことが最大の理由です。


にもかかわらず、今回この仕事をお引き受けしたのは、本コラムの掲載サイトも運営されている誠文堂新光社の編集者・渡会拓哉さんが「三宅さんの映画の見方そのままで書いてほしい」と言ってくださったからです。

正直、半信半疑でしたし、何より驚きました。そして、とても嬉しかった。

連載が終了した現在、実際にお読みいただいた皆さんにとって、このコラムがわずかでも何らかのお役に立てていたとしたら、これ以上嬉しいことはありません。

ところで、昔から「映画は誰のものなのか?」という議論が頻繁に繰り返されてきました。

やれ監督のものだ、脚本家のものだ、プロデューサーのものだ、スタッフのものだ、いやいや主演俳優のものだ……等々。

色々な意見があるとは思いますが、ぼくは観客のものだと思っています。

より正確に言うと、観客のものにならざるを得ない。


これは作り手のひとりとしても深く実感していることなのですが、企画を立ち上げ、脚本を書き上げ、撮影をし、仕上げをし、公開する。

この流れ自体はどの映画も同じです。実際、ぼくたち作り手は日ごろ同じ工程を繰り返し繰り返し続けてきています。

そういう意味では、映画は「生み出された当初に関して」は、広義に於ける作り手のものである、というのは間違いないでしょう。


しかし、どんな映画も、劇場で公開されたり、ビデオグラムとして市販・レンタルされたり、と観客の目に届いた瞬間から、作り手の思い通りにはいかなくなります。

どんな事情があり、どんな想いがあって作られたとしても、観るひとひとりひとりの人生経験と記憶のうえに映写、再生された瞬間から、映画は皆、「その映画をそのときに観た、そのひとのもの」に変わるのです。


さらに、映画は観はじめた途端、みるみるうちに過去の記憶になり、観客ひとりひとりの心に溶け込んでいきます。

すべてを観終えたのち、個々人の価値観に裏付けられた記憶に加わった瞬間、映画は初めて映画になるとぼくは思っています。

そういう意味では映画は概念であり、観たひとの心そのものと言えるかもしれません。

このコラムで記してきた個々の映画たちへの想いも、すでに三宅隆太の心の中に溶け込んだ映画たちへの想いでしかありません。

仮に同じ映画をご覧になったとしても、皆さんの心の中にはまた違った映画として溶け込んでいくはずです。

ぼくの見方が正しいわけでも何でもありませんが、一方で間違っているわけでもないという不思議。

今日を境に、皆さんも是非「あなたの映画の見方と出会う旅」をスタートさせてみてください。

では、いつかまたどこかでお会いしましょう。

16 カーアクションをモチーフに、フェミニズム文化の台頭を描いた異色スリラー

『恐怖の高速道路／美人TVレポーターを狙う黒い影』
Death Car on the Freeway
1979年　アメリカ　90分
監督：ハル・ニーダム
脚本：ウィリアム・ウッド
キャスト：シェリー・ハック／ジョージ・ハミルトン／ピーター・グレイヴス／フランク・ゴーシン／バーバラ・ラッシュ　ほか

書籍化するにあたって、追加の映画をご紹介できることになりました。

ただし、ページ数の関係で取り上げられる作品は一本に限られます（残念！）。

そこでいつもとは趣向を変え、今回はぼくが子供のころに「テレビの洋画劇場」で観た劇場未公開映画をご紹介したいと思います。


タイトルは『恐怖の高速道路／美人ＴＶレポーターを狙う黒い影』。

１９７９年に制作されたアメリカのテレビ映画です。

あれ？　そのタイトルどっかで見たことあるぞ、という方も多いかと思います。実は第１回のコラムで、タイトルだけお伝えしていたのでした。

そう。実はあれは壮大な伏線だったのです（笑）。

『恐怖の高速道路／美人ＴＶレポーターを狙う黒い影』は、かつて『狂走！皆殺しの高速道路』とい

うタイトルで日本でもＶＨＳテープが市販されていたことがあります。しかし、残念ながらその後「廃盤」になり、現在に至るまでＤＶＤ化はされていません。

さらに言うとアメリカ本国でも未だにＤＶＤ化されていないという、まさに幻の作品です。

それでは、早速あらすじをご紹介します。

舞台は１９７９年のロサンゼルス。

よく晴れた午後、高速道路を一台の日本車（ホンダ・シビック）が走っています。

運転しているのは若い女性ベッキー。

新人女優の彼女は、低予算のホラー映画での「殺され役」を掴むべくオーディション会場へと急いでいるのです（ようするに『ファイナル・ガールズ 惨劇のシナリオ』のお母さんのような立場のひとですね）。

そんな中、猛スピードで走る車列に交じり、人知れずベッキーを狙う一台の車がありました。

漆黒に塗装されたアメリカ製の大型バン（ダッジ・ラムバン）。ガラスはすべてスモーク仕様。外からは窺い知ることのできないバンの車内では、ドライバーの男（手元しか映りません）が８トラックテープをカーステレオに挿入。

爆音のフィドルミュージックが鳴り響くなか、男はアクセルを踏み込みます。

黒いバンは瞬く間にベッキーの背後へと近づくと、時速100キロを超える猛スピードで追突!

パニックに陥ったベッキーは必死にハンドルを操作しますが、バンはなおも襲いかかります。

悲鳴を上げても助けを求めても誰も見向きもしません。

無理もない話です。ここは高速道路。誰もが皆、事故を起こさず走ることに精一杯なのです。

バンは容赦なく執拗に追突を繰り返します。とうとうベッキーのシビックはスピン!

高速道路のガードに乗り上げ、なんとか停止しました。

間一髪、命拾いしたベッキー。危うく大惨事になるところでした……。


早速、地元のニューステレビ局KXLAが取材を開始。ベッキーにインタビューを試みます。

ところが、必死になって訴える彼女の話を、誰ひとり信じようとしません。件のバンを目撃したひとがひとりもいないからです。

すでにバンが走り去ったあとだから、というのもありますが、そもそも事故当時にベッキーの近くを走っていた車は、皆それぞれどこかへと走り去り、証言が得られないのです。

番組プロデューサーは、ベッキーが新人女優だと知るや、「ガセネタ」だと切り捨てます。

自らの過失で起こした事故を売名行為に利用しているだけだと考えたのです。

たしかに若い女性の多くが車の運転が苦手なのは事実です。局員たちはプロデューサーの意見に賛同、早々に取材を打ち切ります。

そんななか、ベッキーの証言を真剣に捉えた人物がひとりだけいました。新人女性キャスターのジャン・クラウセンです。

まだ若くキャリアも浅いジャンは、常日頃、番組に華を添える程度の役割しか与えられていません。男性社会を象徴するようなテレビ業界のなかで、それでもなんとかチャンスを掴みたい！ そう考えていたジャンは今回の事件を番組で取り上げるべく、独自の調査を開始します。

ところが、ライバルテレビ局に勤める恋人や地元の刑事たちは、ジャンの熱意と真剣に向きあおうとはしません。男性社会の壁の高さをまざまざと見せつけられ、傷心するジャン……。

ほどなく次の事件が発生。犠牲者は若き女性看護師ジェーン・ガスティンです。

彼女は恋人と会うために高速道路を走っていたところ、件のバンに襲われ、大事故に見舞われます。車体が炎上し、全身の6割以上を火傷したジェーンは緊急搬送。もはや虫の息です。

第一報を耳にしたジャンは早速病院に駆けつけますが、ジェーンの恋人が取材を拒否。渋々帰ろうとすると、事情を知った病床のジェーンが自ら取材を受けると申し出ます。

バンに追突された際、車内から「フィドル」の音色がした。それも狂ったような旋律で到底メロディとは呼べない代物だったと、ジェーンは犯人の特徴を必死に伝えようとします。

途切れ途切れの言葉を懸命に聴きとってゆくジャン。

ちなみに、フィドルというのは、バイオリンとよく似た形状の弦楽器です。演奏法に特徴があり、意図的に調律を狂わせることでやや乱暴な旋律を生み出すことが可能で、カントリーミュージックや、そこから派生したブルーグラスと呼ばれるジャンルで主に使用されます。

犯人を捕まえて仇を取ってほしいとジャンに伝えると、ジェーンは息を引き取ります。


ジェーンの事件を機に犯人は「フィドラー」と呼称され、警察もようやく本腰を入れます。ところが、フィドラーはなかなかしっぽを掴ませません。

事件のたびに車体のカラーを塗り替えるだけでなく、周到にナンバープレートを差し替えつづけるフィドラーは、警察の包囲網をかいくぐり、犯行を積み重ねていきます。

被害に遭うのは決まって若い女性ドライバー。皆、ひとりで車を走らせていた時に高速道路で襲われています。フィドラーの目的は一体何なのでしょうか……？


ある日、ジャンは番組のゲストに女性精神科医を招き、フィドラーのプロファイリングを試みます。精神科医曰く、フィドラーは神経質で几帳面な女性嫌いの男性で、年齢は20代後半から30代。日ごろは他人に対して強く物を言えないおとなしい性格ですが、車に乗ると万能感を得て強気になり、女性への怒りが爆発。その結果、攻撃を繰り返しているのではないか、というのです。

さらに、フィドラーは高速道路という「目的地に向かって真っ直ぐに伸びる明確な道程」に「自由気ままな運転を繰り返す女性ドライバーの車が立ち入ること」を良しとしていないのではないか。

彼女たちの女性特有の感情的なペースや運転技術の未熟さが、男性性を重んじる自らの行動や目的を侵害していると感じ、排除したいのではないか、と精神科医は推測します。

この報道に刺激を受けたのか、フィドラーの犯行は日ごとに激しさを増していきます。

一方、当初は出世のために取材を始めたジャンでしたが、次第に被害者たちと自らの境遇とを重ねるようになります。働く女性たちを排除しようとする男性社会への苛立ちと、高速道路から女性ドライバーを排除しようとするフィドラーの思惑とが完全にリンクし、ジャンは奮起します。

しかし、フィドラー事件を否定的に取り上げれば取り上げるほど、女性視聴者たちには支持される一方で、保守的な男性視聴者層からは叩かれるジャン。彼女は次第に孤立していきます。

また、サイコパスとおぼしきフィドラーに対して、明らかに喧嘩を売るような放送を繰り返すジャンの姿勢は、周囲の人間にとって心配の種でしかありません。

とうとう上司の男性プロデューサーはジャンにこう言います。

「もし、高速道路でフィドラーと遭遇して、攻撃されたらどうするつもりなんだ？」

たしかにそうなのです。今のままでは、いつ何時ジャンの身が危険に晒されるか分かりません。

来る日に備え、ジャンはプロのカースタント学校の教員、ブランチャードに師事して、ドライビングテクニックを学び始めます。

ドリフト走行や急激な方向転換など、ジャンのハンドルさばきは日に日に上達していきます。

そんなジャンを嘲笑うかのように、犯行をエスカレートさせていくフィドラー。

彼の正体も足跡も一向に掴めぬまま、次々と犠牲になる女性ドライバーたち。もはや警察は頼りにできません。

怒りに燃えたジャンは、最新の事故現場からの中継の最中、とうとうフィドラーに宣戦布告。

さらに、愛車「日産フェアレディZ S30」に乗り込む姿をわざわざテレビ画面に晒すのです。

車種もナンバープレートもハッキリと映し出すことで、フィドラーを誘い出すという、この作戦。

人知れず、自宅で番組を観ていたフィドラー（手元しか映りません）は、ジャンのフェアレディZが映し出されたテレビ画面をスプレーで黒く塗りつぶします。


こうしてジャンとフィドラーとの闘いの火ぶたは切って落とされました。

果たしてジャンはフィドラーを倒すことができるのか？　そして、フィドラーの正体とは一体何者なのか？　物語はクライマックスに向け、一気に加速していきます。


さて、すでにお気づきの方も多いかと思いますが、本作はスティーヴン・スピルバーグの出世作『激突！』の亜流作品です。

特に終始顔を見せない犯人・フィドラーの描写には『激突！』の強い影響が見られます。

では、亜流だからといって、つまらないのかと言われると、まったくそんなことはありません。

おそらく企画段階の当初、作り手たちは「スピルバーグの『激突！』みたいな感じを目指そう！」と話し合っていたのだろうとは思いますが、具体の作劇をつめていくうちに、むしろ独自の魅力をどんどん手に入れてしまったのではないか。ぼくはそんな印象を受けました。

最終的には「謎の車が他のひとの車を襲う」というアイデア以外は、似ても似つかぬ個性的な一本に仕上がっています。

元来映画というものは、このように過去作からの影響や引用（盗用ではなく、オマージュという意味での）の繰り返しによってできています。色々な種類の映画をたくさん観れば観るほど、作り手の意図やシーンの狙いが理解しやすくなるのはそのためです。

『恐怖の高速道路／美人TVレポーターを狙う黒い影』の決定的な個性は、独自性のあるカーアクションもさることながら、カーアクションを売りにしたジャンル作品であるにもかかわらず、ひとりの女性の成長物語としても実は大変良くできている、という点です。

つまり、見世物としてのケレン味とドラマ性とが見事に両立しているのです。

脚本を担当したのはウィリアム・ウッド。

1970年代を中心に活躍し、『暴走族・白昼の暴行魔』や『砂漠の追跡者』など、数々の傑作テレビ映画をものにした職人気質の脚本家です。

ウッド作品の特徴は、物語の中心軌道にジャンル的見せ場を配置しながらも、主人公の葛藤や成長の要素に時代性を巧みに取り込む手腕にあります。
『恐怖の高速道路／美人TVレポーターを狙う黒い影』でも、60年代に火がついたウーマンリブ運動の流れがインテリ層を中心に定着しつつあるなか、明らかに後れを取っていた70年代当時のマスコミ業界をモチーフにすることで、独特でクセのあるストーリーラインを構築しています。

さらに興味深いのは、被害者と加害者の車種を日本車とアメリカ車とに分けたことでしょう。最初の犠牲者ベッキーが乗っていたのは「ホンダ・シビック」という日本製の小型車です。この映画に先立つこと9年前。つまり1970年に、アメリカは排ガス規制法となる「マスキー法」を制定しました。これは当時アメリカで問題視されはじめた排ガスを規制するためです。しかし、GMを筆頭にアメリカの自動車メーカーは、「マスキー法」を到底達成できない法律だとして、はなから開発を怠ります。

ホンダは当時「ホンダ・１３００」の販売不振で苦境に立たされており、このマスキー法をクリアするエンジンを作り上げ、是が非でも次の一手にしようと必死でした。

そのエンジンこそが、ホンダ・シビックに搭載された「ＣＶＣＣエンジン」です。世界の車メーカーは、この快挙に驚くとともに称賛し、後に米国自動車技術者協会から70年代優秀技術車賞を授与されました。

この技術開発は、のちの国産車の省エネルギー化開発への第一歩となる快挙でした。

当然シビックはアメリカで大ヒット。値段も手ごろだったことから若い女性ドライバーを中心に普及していきます。

片やフィドラーが乗っているのは、アメリカの車メーカーを代表するダイムラー・クライスラー社がダッジブランドで生産していた「ラムバン」です。

屈強かつ無骨なデザインで知られるラムバンは、70年代を中心にアメリカの映画やテレビドラマに数多く登場したので、ご記憶にある方も多いのではないでしょうか。

一方で、ヒロインであるジャンが乗っているのは、これまた日本製のスポーツカー「日産フェアレディZ S30」です。

欧米では「ダットサン」の名称で親しまれていたこの車種は、高性能なだけでなく流線型の美しいデザインが特徴で、北米で大ヒットになり、9年もの間長期生産された名車中の名車です。

カントリーミュージックの主楽器であるフィドルの音色を響かせながら、アメリカ車の代表格とも言えるダッジのラムバンで若い女性を次々と狩っていくフィドラーは、アメリカの古き男性主義の極みのような存在です。

そんな敵対者が、日本車に乗った若く革新的な女性主人公と対決してゆく流れは、本作を「フェミニズム文化の台頭を恐れる保守的なアメリカ男性の恐怖心」をくすぐる奇妙な娯楽作品へと導いていきます。

こういった「時代の変遷」を敏感に描くことができたのは、即効性をこそ求められるテレビ映画というフィールド故のことかもしれません。

主人公ジャンを演じたのは、シェリー・ハックです。のちに映画化もされた大人気テレビシリーズ『チャーリーズ・エンジェル』の第4シーズンから参加して日本でも人気が出たので覚えておいでの方も多いかもしれません。

また、タイトルロールを演じた『わが心のジェニファー』での繊細な演技や『W／ダブル』での母親役で見せたような職人気質の演技など、表現の幅が非常に広い女優です。

概ね「ただの美人女優」と片付けられがちな彼女ですが、今回『恐怖の高速道路／美人TVレポーターを狙う黒い影』を観直してみて、感情に即した発声の仕方、アップ時の表情のつくりかた等、実に器用な側面を持っていることに気づき、改めて感心させられました。

頼りにならない男たちを演じる面々も、実に豪華なキャスティングです。

他局に勤める恋人を演じたのは、実生活でプレイボーイとして名を馳せた『ドラキュラ都へ行く』のジョージ・ハミルトン。担当刑事を演じたのはトム・クルーズの『ミッション：インポッシブル』シリーズのオリジナル版として知られる『スパイ大作戦』のフェルプス役で有名なピーター・グレイヴスです。

ほかにも『戦車バタリオン』のフランク・ゴーシンや『逢う時はいつも他人』のバーバラ・ラッシュらベテラン勢が脇を固めます。

ところで、この映画はフィドラーを筆頭に、やや極端なほど「男性が頼りにならない」という作りになっていますが、そんななか、主人公ジャンにとって唯一の味方になるのが、ドライビングテクニックを教えるカースタント学校の教員ブランチャードです。

このブランチャード役は、誰あろう本作の監督でもあるハル・ニーダム自身が演じています。

何故、カースタントの専門家役を監督が演じるの？　と不思議に思われる方も多いかと思います。実はハル・ニーダムは映画監督になる前はカースタントの仕事をしていたのです。

実際、彼がスタントマンやスタントコーディネーターとして参加した作品は、４５００本のテレビドラマ、３１０本の映画など膨大な量に達しています。

そんな彼の「監督としての」得意ジャンルは、カーアクションをモチーフにしたコメディ作品です。70年代のスター俳優バート・レイノルズが主演した『トランザム７０００』『グレート・スタントマン』『キャノンボール』は日本でもヒットしたので、ご存じの方も多いかと思います。

通常、ニーダムが好んで演出するカーアクションは、現実の事故を想起させるような深刻でスリリングなタイプのものではなく、自動車自体をキャラクターのように扱うスラップスティックなカーアクションが中心です。

例えば、あり得ない距離をジャンプした挙げ句に平然と着地したり、猛スピードで走行しながらトレーラートラックの荷台にスポッと入り込んだりといった、誤解を恐れずに言えば、ちょっと「バカバカしいカースタント」の類いです。

そんなニーダムが、普段とはまったく異なるアプローチでスタント設計をしたのが『恐怖の高速道路／美人ＴＶレポーターを狙う黒い影』です。

極めてリアルで恐ろしく、むしろ積極的に現実の事故を想起させる数々のスタントシーンは、本作の大きな見所になっています。

なかでも2人目の犠牲者となる看護師ジェーンのクラッシュシーンのクオリティは圧巻です。

高速道路で横付けしてきたフィドラーに後輪をつつかれたジェーンの車が、大量の後続車が猛スピードで迫ってくるなか、「ジェーン役の女優がハンドルを握る姿を映したまま」高速スピンしてしまうくだりは、あまりにも危険で観ていてギョッとします。

もちろん、この衝撃のカットを見ることで「ああ、そうか。このシーンに至るまでジェーン役を演じていたのが、そもそもスタントウーマンだったのだな」と気づくわけですが、ジェーンの日常を描くシーンがあまりにも普通のドラマとして撮られていたために、まさか演者がスタントウーマンだとは夢にも思いませんでした。

本作でのニーダムは、この辺りの逆算演出が実に冴えています。

さらにジェーンの車がクラッシュした直後、フィドラーのバンが段下の別車線に猛スピードで割り込んで無理矢理合流するまでのワンカットは、高速道路をかなりの引き画（仕込みの車だけを走らせているとは到底思えないサイズ）で撮られているため、本当に危険に見えて、気が気じゃありません。

『トランザム７０００』や『キャノンボール』での「おとぼけカーアクション」をイメージして油断していると、見事に裏をかかれます。

この辺りのカーアクション描写の凄まじさは、是非とも直接ご覧になってみてください。

いやいや、ちょっと待て！　『恐怖の高速道路／美人ＴＶレポーターを狙う黒い影』は昔ＶＨＳで発売されてたけど今では廃盤で、しかもＤＶＤにもなってないんだろ？　観られるわけないじゃないか！

たしかにそうなのですが、実はそうとも限りません。

それでは『恐怖の高速道路／美人ＴＶレポーターを狙う黒い影』を「いますぐ」「簡単に」観るためのヒントを２つお伝えします。

①インターネット上には様々な動画共有サイトが存在しますが、そのなかに「日本語に訳す」と『あなたの管』という意味合いになるサイトがあるはずです。

②ちなみに本作の原題は『Death Car on the Freeway』です。

ヒントはもう充分ですよね？（笑）

これ以上書くと、イリーガルな行為の片棒を担ぐことになるので、何卒ご勘弁ください。

そういえば、今回改めて観直してみて、気になったことがありました。

フィドラーとジャンは、どうしてこんなに憎み合わなきゃならなかったんだろう……という点です。

そもそもフィドラーの運転技術は非常に高く、ハッキリ言ってプロ顔負けです。今回のような「悪事」に使用しなければ、間違いなく彼の「特技」として機能していたはずなのです。つまり、ブランチャードのように生きることも不可能ではなかったのではないか。

実際のところ、ジャンが最も信頼している男性・ブランチャードと、もっとも憎んでいる男性・フィドラーとの差はどこで生まれてしまったのでしょうか?

おそらくはふたりとも子供のころから車が大好きで、免許が取れる年齢になるのを指折り数えて楽しみにしていたはずです。その後、大人になって、自分で運転するようになり、ますます車が好きになり、ドライビングテクニックも向上し……。

まったく異なる人生を送ってきたかのように見えるブランチャードとフィドラーの人生は、元々はかなり薄い皮膜の上に立った、ほとんど同じものだったのではないか。何か些細な、ほんのちょっとしたターニングポイントさえあれば、ジャンとフィドラーはあんなにも憎み合わずに済んだのではないか。

例えば、フィドラーが大人になっていく過程で、「誰か」が彼の運転技術を認めてくれたり、そのことで彼が、「自分の特技が他人の役に立つこと」を知ることができたとしたら。もしかしたらフィドラーは大きな歓びを見いだせたんじゃないか。そうすればブランチャードのように、車を運転することを軸に、充実した人生を送ることができたんじゃないか。

そんなことを、ついつい考えてしまい、なんだかしょんぼりしてしまったのでした。

以上、『恐怖の高速道路/美人TVレポーターを狙う黒い影』のご紹介でした。

良質な
未公開映画を
選ぶコツ

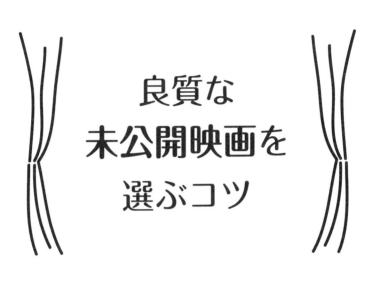

この章では「良質な劇場未公開映画と出会うためのヒント」をいくつかお伝えしたいと思います。

大きく分けると、以下の2つです。

①DVDのパッケージの情報を参考にする。
②インターネット上の情報を活用する。

何を当たり前のことを……と思われたかもしれませんが、この2つは極めて重要なポイントです。

まずは①からご説明します。

通常、DVDのパッケージの裏面には、その作品のあらすじが書かれているものです。

有名なキャストが出ていて、しかも確実に面白そうなあらすじの場合は問題ないでしょうが、誰だか分からないようなキャストなうえに、面白いのかどうか確信が持てないようなあらすじだと困ってしまいますよね。

そういうときは、見分け方にちょっとしたコツが必要です。

とりわけハイコンセプトな作品の場合は要注意です。


ハイコンセプトというのは、ハリウッド製娯楽映画のような「2行であらすじが言えるような企画」のことを指す言葉ですが、同質でなおかつ劇場未公開映画としてリリースされた作品の場合、「一見するとあらすじのようでいて、実は単に【大状況】が書かれているだけ」というケースがままあります。

なかでも未曾有の大災害を扱うタイプの作品の場合（例えば「巨大彗星が降ってくる」とか「猛烈な嵐が全米を襲う」といった内容の作品のことですが）、あらすじの部分に「具体性のある展開」や「主人公が葛藤するためのドラマの軸」についての表記が一切ないことがあるのです。

そういうときは危険信号が灯っていると考えた方がいいでしょう。

「ドラマの軸が書かれていない」のは、実際に「ドラマの軸が存在していないから」かもしれません（もちろん、実際に観てみたらそれなりに面白い可能性もありますが）。

何故そんなことが起きてしまうのでしょうか。

実は原因はハッキリしています。その手のタイプの作品には、そもそも無理があるのです。

CG技術が発展して以降、ハリウッドでは「未曾有の大災害」を扱う映画が定期的に作られるようになりました。しかし、それらの多くは「直接的かつハデな見せ場」を作り上げられるだけの大きな予算が投入されているため、仮にドラマ性が希薄だったとしても観客を満足させることは可能です。

「観たいもの（ハデな見せ場）」を期待し、「観たいもの（ハデな見せ場）」が観られた、という需要と供給のバランスが取れているからです。

ところが、劇場未公開作品で「未曾有の大災害」を扱った場合、当然ながら大作映画と同じような予算は掛けられません。

にもかかわらず、あらすじに「未曾有の大災害」という【大状況だけ】が書かれているだけだとしたら、どうでしょう?

当然観客は物語を、ではなく、同質の大作と同じレベルの「見せ場」をのみ期待します。

しかし実際には、映像表現のクオリティが大作と同じレベルに達することは絶対にありません。

必然的に観客は「物足りない」という印象を抱かざるを得なくなります。

では、劇場未公開映画では「未曾有の大災害」を扱うことができないのかというと、そんなことはありません。ただし、その場合は脚本に工夫が必要です。

例えば、大規模な災害を食い止めようとする主人公の活躍を「世界中を舞台にして描く」のではなく、大規模な災害が世界中で発生しているなか、「学校や職場に閉じ込められてしまった主人公が、日ごろは対立している同級生や同僚らと協力して建物から脱出しようと試みる話」だとしたら、もしかしたら面白く仕上がっている可能性があります。

つまり、予算が少ないにもかかわらず「予算がある作品と同じ展開にすべく無理をしている」のではなく、予算が少ないことを逆手に取ったアイデアで「工夫して面白くなるように作られているかどうか」が重要だということです。

実際、そういった企画の場合、DVDのパッケージには「大掛かりな世界観」の【大状況】よりも、工夫されているが故の「展開の面白さ」を強調したあらすじが書かれているはずです。

一方で、明らかに低予算では表現が難しいであろう【大状況】を取り込みつつ、うまく機能しているあらすじも存在します。

未公開映画『エアポート２０１５』がその一本です。ＤＶＤのパッケージから引用してみましょう。

ダグラス発ＩＡ42便は、ロンドンに向けて上空を飛行していた。しかし、さっきまでの晴天が嘘のような嵐になり、機体は雷雲の中に突っ込んで行く。なんとか凄まじい乱気流を抜けると、そこは夜の闇の中だった。計器はレーダーを残して全て機能しなくなり、機長は現在地を把握するために機体を降下させるが、そこには信じられない光景が広がっていた。地上の街は炎に包まれ、まるで戦時中の様であった。さらに機体を複数の爆撃機が取り囲み、機長は無線で助けを求める。しかし、無線が繋がった先は管制塔ではなく、連合国軍の伍長を名乗る男だった……。

このあらすじは魅力的ですし、実際に観てみたところ、作品も良くできていました。

一体どこが魅力的なのか？　と不思議に思われた方もいるかもしれません。

ポイントは「大状況に触れただけではなく、主人公がその状況と向き合い、事態を克服するために辿るであろうプロセスのヒントが記されている」という点です。

飛行機が異空間に突っ込んだ。そこは第二次世界大戦の真っ只中だった。

これだけでは【大状況】にすぎません。ところが、助けを求めて無線を使ったら「連合国軍の伍長を名乗る男と繋がった」とあります。

この伍長が「主人公が【大状況】と向き合い克服するために、唯一味方につけられる存在であろうこと」は、あらすじを読むだけでも容易に想像がつきます。

とはいえ、簡単に味方につけられるはずもありません。主人公である機長は「飛行中の旅客機に乗っている」わけですし、そもそも伍長は「過去の人間」です。

味方につけるためには、機長が「自らの存在」と「自らに起こっている事象」について、伍長に信じてもらわなければなりません。そのうえで、どうやって協力関係にこぎ着けるのか？

物理的にも心情的にも簡単に事が進むはずがありませんし、かといってクリアしなければ、【大状況】を克服できないことは明白です。

つまり、あらすじを読むだけで『エアポート２０１５』という映画には、物語を貫く葛藤が存在するだけでなく、その葛藤を軸にして展開することも保証されている、ということになるのです。

多くの場合、ハイコンセプト作品のあらすじには、概ね「30分程度経過した際に起きる出来事」が記されています。

例えば、巨大隕石が地球に向かっていることが「判明する」とか、猛烈な嵐が全米を「襲いはじめる」といった具合です。飛行中の航空機が嵐に突っ込み、第二次世界大戦下の世界に「タイムスリップしてしまう」というのも「30分程度経過した際に起きる出来事」です。

元々の作品に、その先の展開を保証する面白味が潜んでいる場合、あらすじには何らかのヒントになる情報が必ず記載されています（宣伝担当者がその面白味をウリにしないはずがないからです）。

この点に注意してＤＶＤのパッケージに目を通してみてください。

良作か否かを判断するバロメーターになるかと思います。

また、あらすじを読む限り「アメリカ映画ではよくある設定」だったとしても、制作国がアメリカ以外の場合、「個性的な面白さ」が追求されている可能性があります。「定番の軌道」を使いながらも、お国柄に根ざしたオリジナリティが発揮され、結果として「単なる定番ではなくなってしまう」傾向が強いからです。

そうなると、予定調和には収まらなくなり、独自の面白さも生まれやすくなります。

例えば、「人民解放軍」全面協力の下で制作された中国映画『アウトブレイク・エクスプレス』は大陸横断列車にサーズ患者が乗っていたことから大事件に発展する乗り物パニック作品ですが、言うまでもなくこれは1976年の大ヒット作『カサンドラ・クロス』の亜流です。あらすじだけ書いたら間違いなくほぼ同じ内容になるはずです。ところが、お国柄が「味わい」を生み出してしまうため、実際に観てみると同じにはなっていないどころか、むしろ全然違う映画に仕上がっていました。

またロシア産のアクション映画『大統領のカウントダウン』も、大量の人質を抱えた限定空間がテログループに乗っ取られ、それをたったひとりの男が壊滅させる、という内容なので、あらすじだけ書くと完全に『ダイ・ハード』と同じ内容のはずなのですが、やはりそうはなっていません。ロシア映画という「個性」が加わった結果、まったく異質の作品に仕上がってしまうのです。

パッケージを見る際は、是非「制作国」にも注目してみてください。

ほかにも、俳優が脚本や監督を兼ねている作品の場合、仮にあらすじがありきたりに見えても、実際には作劇上、ドラマ性が強化されていて面白く仕上がっているケースがままあります。

理由は単純で、俳優という人種は「芝居」を大切にするものなので、出演俳優たちによる芝居場の見せ場が必ず構築されているに決まっている（CGなどの、予算によって面白味が左右されるものを見せ場にするのではなく、登場人物同士の衝突や葛藤を見せ場にしたいと考える）からです。

是非、人名の役職や作品への関わり方にも着目してみてください。

では、ハイコンセプトではなく、ソフトストーリーの場合はどうでしょうか。

ソフトストーリーは「2行であらすじを語る」のが難しく、明確な出来事の積み重ねで生じる葛藤よりも、登場人物の内面に生じる葛藤を中心に描くタイプの作品を指します。

重要になってくるのは、②の「インターネット上の情報を活用する」方法です。

とはいえ、第1回で触れたように「映画サイトの星取り表や他人の評価軸を参考にする方法」はあまりオススメしません。

そこで、動画共有サイトの情報をヒントにして探す方法をご紹介します。

なかでもお薦めなのが『Vimeo』です。

動画共有サイトといえば、先ほどもお伝えした「日本語に訳すと『あなたの管』という意味合いになるサイト」や『ニコニコ動画』等が有名です。

これらのサイトは、誰でもいつでも気軽に動画をアップロードできるという点でも人気があります。

ところが、『Vimeo』は違います。アップロードするための条件がとても厳しいのです。

具体的には、個々の作品の関係者でなければ基本的にはアップできない決まりになっています。

こうすることで「不適切な勧誘動画」や「著作権に抵触する違法パロディ作品」等が退けられるだけでなく、確実に一定以上のクオリティが約束されるという利点があります。

そういった作品のなかには、劇場未公開のものはもちろんのこと、優れたソフトストーリー映画も多く見られます。良い出会いも確実に増えることでしょう。

ただ、ぼくが推奨する『Vimeo』の使い方は、実はちょっと違うのです。

通常、ヨーロッパ製の良質なソフトストーリー作品の多くは、米国での公開やソフトリリースを起点に世界に広がっていく傾向があります。

そういう映画と出会おうとした場合、原題が分からないと探しようがないですし、仮に分かったとしても、原題が英語とは限らないため、かなり難儀するでしょう。

そこでまずは『Vimeo』で、アメリカの「サンダンス映画祭（欧米で作られた良質なソフトストーリーを取り上げる傾向が強い映画祭です）」での上映情報を探り、興味が持てる作り手のインタビューや作品の予告編を見つけます。

その後は、アメリカの映画情報サイト『Internet Movie Data base』（通称ＩＭＤｂ）と、日本の映画情報サイト『allcinema』を併用して探していきます。

ヨーロッパの作品で、仮にアメリカでの配給がすでに決まっている場合、『ＩＭＤｂ』で「作り手の名前や作品名」を検索すると、英語表記の作品タイトルが出てきます。発見が難しい原題ではなく、英語圏に向けたタイトルが分かるようになるのです。

そのうえで日本のサイト『allcinema』にその英語タイトルを入れれば、いま現在日本でソフト化されているかどうかが判明します。

そこからはAmazonに飛んでＤＶＤを購入するか、TSUTAYA onlineで近くの店舗で取り扱われているか否かをチェックする。

ぼくの場合、こうした工程を辿ることで良質な劇場未公開作品と出会える機会が確実に増えました。

例えば第3回で取り上げたノルウェーの女流監督アンネ・セウィツキーや第14回でご紹介した同じく女性のハンナ・フィデル監督などは、『Vimeo』でその存在を知りました。

ほかにも第6回で取り上げた『ガール・ライク・ハー』の監督（これまた女性ですが）エイミー・Ｓ・ウェバーの長編処女作『Annabelle & Bear』は未だに日本ではリリースも配信もされないため、「どうしたものか……」と途方に暮れていましたが、『Vimeo』で探したらアップされていて、無事に観ることができました（これに関しては有料視聴でしたが）。

さらに『Netflix』や『Amazonプライム』もしくは『iTunes Store』などをこまめにチェックするのもひとつの手です。

また、CS放送に加入するのも、良質な劇場未公開映画と出会う方法としては有効です。

特に『WOWOW』や『スターチャンネル』は、日本では未ソフト化の良作を取り上げる機会が多く、油断できません。

ちなみに『WOWOW』には『ジャパンプレミア』という映画枠が存在し、毎週木曜日の夜9時から本邦初放送の新作劇場未公開映画をオンエアしています。

いずれにせよ、劇場未公開映画と出会う手段を増やしていくと、次第に「嗅覚」のようなものが鋭くなってきます。ぼくの場合は、子供のころにテレビの洋画劇場で散々未公開映画を観てきた結果、なんとなく「これはイケそう」「これはイケてなさそう」というのが、ある程度は分かるようになりました。

と言ってはみたものの、実は「良質な劇場未公開映画と出会う」ための「最大のコツ」は、個々の映画を観るときに「前提を持ち込まないようにすること」ではないか、とも思います。

ここでいう「前提」は「思い込み」や「決めつけ」を含めたバイアス（偏見）のことです。

例えば、「こないだつまらない映画を観ちゃってさぁ」と言うひとに「つまらないと感じた理由」を尋ねると、多くの場合、「思ってたのと違ったから」とか「期待してたのと違ったから」といった言葉が返ってきます。

これは典型的な「前提を持ち込んだことによって生じた失望感」です。

逆に言えば「前提」を持ち込まずに観ることができたとしたら、「つまらない」とは感じずに「その映画独自の面白さ」を発見できた可能性もある、ということでもあります。

そういう意味では、「良質な劇場未公開映画と出会う」という考え方自体が、すでに「前提」なのかもしれません。

どんな「劇場未公開映画と出会った」としても「それを良質だと感じられる」ように、まずは「個々の作品の魅力を見つける意識を持つこと」こそが、実は最大のコツなのかもしれませんね。

まだまだある

オススメ
劇場未公開映画

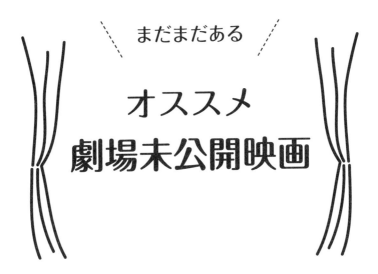

アイ・オリジンズ

人間の瞳の進化について研究をしている大学院生が、運命的に出会った女性の「瞳」に惚れ込み、交際を開始。やがて思いがけず悲劇的な別れを経験するも、数年の時を経たのち「想像を絶する形」で再会を果たすまでを描いた異色のラブストーリー。繊細かつシリアスなテイストのなか、数々のシンクロニシティを縦軸に、哲学と宗教と SF が入り乱れる世界観が魅力的。未ソフト化だが、Amazon プライムや iTunes Store 等で鑑賞可能。

DATA●I ORIGINS ／2014年／アメリカ／ 監督：マイク・ケイヒル／脚本：マイク・ケイヒル／キャスト：マイケル・ピット、ブリット・マーリング、スティーヴン・ユァン、アーチー・パンジャビ、カーラ・セイモア　ほか／デジタル配信中：20世紀フォックス ホーム エンターテイメント ジャパン

リベリオン ワルシャワ大攻防戦

1944 年の「ワルシャワ蜂起」を描いた戦争巨編。綿密な取材の成果とおぼしき残酷描写の数々（眼前の建物が空爆を受けた後、数十秒のタイムラグを経てから大量の肉片の雨が降ってくる、等）が目を引くが、ドラマ部分も見応えがある。なかでも蜂起に参加した若者たちが徐々に希望と生気を失っていく様は切実で、数多ある『プライベート・ライアン』シンドローム映画とは一線を画している。現時点でのポーランド映画史上最大のヒット作。

DATA●MIASTO 44、WARSAW '44／2014年／ポーランド／ 監督：ヤン・コマサ／脚本：ヤン・コマサ／キャスト：ヨーゼフ・パヴロフスキ、ゾフィア・ヴィフラチュ、アンナ・プロフニアク　ほか／提供元：ニューセレクト 販売元：アルバトロス

ロシアン・スナイパー

ナチス兵 309 人を射殺したことで知られる旧ソ連軍の女性狙撃手リュドミラ・パブリチェンコの伝記映画。大掛かりな戦闘シーンの連続で魅せる一方、戦意高揚のためにと、ジャンヌ・ダルク的な英雄として祭り上げられてゆくパブリチェンコが「ひとりの女性として幸福を掴むべく奮闘する様」も丁寧に描かれている。『アメリカン・スナイパー』の亜流かと思いきや、ミリタリーオタクの男性と一般女性観客の双方を納得させられる希有な作品。

DATA●BITVA ZA SEVASTOPOL、BATTLE FOR SEVASTOPOL ／2015年／ロシア、ウクライナ／ 監督：セルゲイ・モクリツキー／脚本：セルゲイ・モクリツキー／キャスト：ユリア・ペレシルド、ジョーン・ブラッカム、エフゲニー・ツィガノフ　ほか／提供元：ニューセレクト 販売元：アルバトロス

バスルーム 裸の2日間

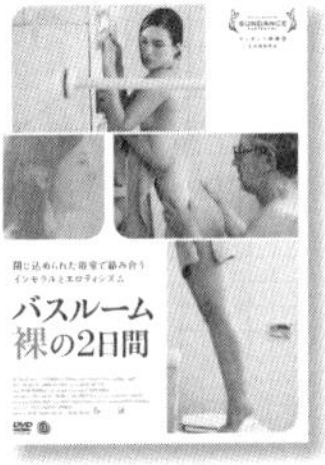

かつては著名なジャーナリストだったミゲルは、今や年老いてしまい、あらゆることに情熱を失くしていた。ある日、彼を取材したいというジャーナリスト志望の女子学生アンジェラが現れる。彼女の美貌と若さのおかげで「情熱」に火がついたミゲルは、アンジェラを自室へと誘い込むのだが……。ひょんなことから、真夏の2日間をバスルームという閉鎖空間で過ごすことになった老人と若い娘のエロティックな顛末を丁寧に描いた会話劇。

DATA●MADRID,1987／2011年／スペイン／ 監督：ダビ・トルエバ／脚本：ヘシカ・ベルマン／キャスト：マリア・バルベルデ、ホセ・サクリスタン／販売元：アット エンタテインメント

処刑島 みな殺しの女たち

30代の独身女性サラには気になっていることがあった。幼なじみのアビーとルーが恋愛トラブルを機に不仲になったままなのだ。ふたりの関係を修復するため、サラは思い出の無人島で週末を過ごすことを計画。だが、あいにく島には危険な先客がいて……。レイプリベンジムービーの軌道を下地にアラフォー女子の友情を描く異色作。アビー役のケイティ・アセルトンが原案・監督を兼任。男性向けのジャンルを女性視点で切り込んでいく。

DATA●BLACK ROCK／2012年／アメリカ／ 監督：ケイティ・アセルトン／脚本：マーク・デュプラス／キャスト：ケイト・ボスワース、ケイティ・アセルトン、レイク・ベル　ほか／発売元：ギャガ　©2012. BLACK ROCK THE MOVIE LLC CREDITS NOT CONTRACTUAL.

恋する宇宙

童話作家のベスは、引っ越し先のアパートに住む天体オタクの青年アダムと恋に落ちる。空気が読めないアダムの一挙手一投足に振り回されつつも幸せを享受していたベスだったが、やがてアダムが単なる風変わりな性格の持ち主ではなく、アスペルガー症候群であることを知る。生まれつき共感能力が欠落し、他人の感情を想像することができないアスペルガー症候群の恋人との付き合いを通じて変化・成長してゆく女性の姿を活写した良作。

DATA●ADAM／2009年／アメリカ／ 監督：マックス・メイヤー／脚本：マックス・メイヤー／キャスト：ヒュー・ダンシー、ローズ・バーン、ピーター・ギャラガー、エイミー・アーヴィング、フランキー・フェイソン　ほか／販売元：20世紀フォックス ホーム エンターテイメント ジャパン

エマニュエル・ベアール
赤と黒の誘惑

16歳のチャーリーは父を自殺で失い、さらに母の不貞を知り、傷心の最中にいた。そんなある日、彼は謎めいた美女マギーと出逢い、すっかり魅了される。だが、彼女は男性客を相手に壮絶なプレイを繰り広げるSM嬢だった。男たちがマギーから与えられる「痛み」で心の傷を癒していることを知ったチャーリーは危険な世界へと足を踏み入れていく……。心の痛みと肉体の痛みを対比させることで孤独な魂が呼び合う様を優しく見つめた意欲作。

DATA●MY MISTRESS ／2009年／オーストラリア／ 監督：スティーヴン・ランス／脚本：スティーヴン・ランス、ジェラルド・リー／キャスト：エマニュエル・ベアール、ハリソン・ギルバートソン、レイチェル・ブレイク ほか／提供元：プライムウェーブ 販売元：アルバトロス

マザーハウス
恐怖の使者

専業主婦のドゥルセは、失業中の夫とふたりの息子と共につつましく暮らしていた。だが、ある日次男が不慮の事故で死亡。さらに自宅内で夫が何者かによって殺害され、長男は行方不明となる。ひとり生き残ったドゥルセは容疑者として拘束された挙げ句、無実の罪で投獄されてしまう。そして30年後、老婆となったドゥルセは釈放され、あの忌まわしい家へと帰って行くのだが……。いわゆる「時間怪談」を前面に押し出した珍しい作品。

DATA●LA CASA DEL FIN DE LOS TIEMPOS、THE HOUSE AT THE END OF TIME ／2013年／ベネズエラ／ 監督：アレハンドロ・イダルゴ／脚本：アレハンドロ・イダルゴ／キャスト：ルディー・ロドリゲス、ゴンサーロ・クベロ ほか／発売元：アクセスエー 販売元；アクセスエー 販売協力：アメイジングD.C. © Epica Produccion C.A, 2013

あしたの家族の
つくり方

崩壊した家族を再生させようと奮闘していた娘が、「家族という仕組み」から解放されていく様を描いたカミング・オブ・エイジ物語の秀作。脚本が全体的に素晴らしく、ラストのナレーションの使い方には脱帽。ただし「語られている内容の時制と話者の声年齢を意図的にズラしていること」に気づかないと、無理に話をまとめたように誤読する危険性があるので注意が必要。WOWOWで放送されたのみで未ソフト化。再放送を要チェック！

DATA●AS COOL AS I AM ／2013年／アメリカ／ 監督：マックス・メイヤー／脚本：ヴァージニア・コラス・スプラッグ／キャスト：クレア・デインズ、ジェームズ・マースデン、サラ・ボルジャー、トーマス・マン、ジェレミー・シスト ほか

バイオレンス・マウンテン
凌辱の山

両親を亡くし、閉鎖的な山村でひっそりと暮らす姉弟。年頃の娘へと成長した姉は、幼い弟を守るため麓の村人たちから繰り返し行われる凌辱行為に耐え続ける。その噂を聞きつけ山へと入る調査員。それを知って暴走を始める村の男たち。三者三様の動機と選択と行動が悲劇を生み出す。台詞はほとんどなく、ひとすら人間の行動のみで描ききる世界観は、圧倒的なロケーションの美しさも相まって、さながら暴力版『アルプスの少女ハイジ』。

DATA●AUTUMN BLOOD／2013年／オーストラリア、アメリカ／監督：マーカス・ブランダー／脚本：マーカス・ブランダー、スティーヴン・T・バートン／キャスト：ソフィー・ロウ、ピーター・ストーメア、グスタフ・スカルスガルド　ほか／提供元：ニューセレクト　販売元：アルバトロス

ウンギョ
青い蜜

才能ある年老いた詩人と才能のない若き書生が共に暮らす家に、孤独な女子高生がアルバイトでやってきたことで生活の均衡が崩れてゆく。タイトルロールを演じた新人女優キム・ゴウンは、いわゆる美少女とはほど遠いが、圧倒的な個性美で見る者を魅了する。老いと性、才と凡、孤独と連帯……心の時間が止まった人間たちの普遍的な感情を「繊細な心情描写と大胆な肉体描写」で容赦なく切り裂く本作は、真摯な感動が味わえる必見の作。

DATA●Eungyo／2012年／韓国／監督：チョン・ジウ／脚本：チョン・ジウ／キャスト：パク・ヘイル、キム・ムヨル、キム・ゴウン、チョン・マンシク　ほか／発売・販売元：TCエンタテインメント ©2012 LOTTE ENTERTAINMENT All Rights Reserved.

タイム・シーカー

ヒンデンブルクの爆発、タイタニックの沈没、フロリダを襲った巨大台風、等々。それら歴史的大惨事の現場写真には何故か必ず「同じ男」が映っていた。彼は何者なのか？　その狙いは？　知られざる事実に触れてしまった新聞記者が時空を越えた巨大な陰謀に巻き込まれていく。『グランド・ツアー』と同一モチーフながら抜群の構成とハイテンポな演出で一気にみせるSFスリラーの良作。
2010年以降の作品ではないものの、お薦めしたい一本。

DATA●THRILL SEEKERS／1999年／アメリカ／監督：マリオ・アゾパルディ／脚本：カート・インダービジン、ゲイ・ウォルク／キャスト：キャスパー・ヴァン・ディーン、マーティン・シーン、キャサリン・ベル、テレサ・サルダナ、ピーター・アウターブリッジ　ほか

おわりに

最後までお読みいただき、ありがとうございました。

こうして偶然出会った映画たちについて書き連ねていくと、ぼく自身の「映画に対するそもそもの心持ち」のようなものが見えてきて、とても興味深く感じました。

どうやらぼくは「映画」の、とりわけ「登場人物に対して」の、眼差しというか馳せる想いがとても強いようですね。

ぼく自身監督もしているので、彼らが「俳優によって演じられた虚構の存在」だということは理解していますし、キャラクターと俳優を同一視しているわけでもありません。

それでもやはり「個々の登場人物は生きた人間である」という認識はとても強く、ぼくの映画の見方の中軸を担っているような気がします。

例えば、スピルバーグの『E.T.』。

何十回観ても必ず涙腺が崩壊するのは、自転車で空を飛ぶ場面でも、宇宙人と少年の別れのくだりでもなく、ラストで宇宙船が空に虹を作った直後に出てくるカットです。

ディー・ウォーレス演じる主人公の母親が、虹を見て笑い泣きするあのアップの横顔。

その瞬間、彼女は別れた夫の元妻でも、3人の子供を育てる母親でもなく、ただの「メアリー」という名の個人になってしまう。というか、やっとなれた、のです。

一切の社会的価値観から解放された「無垢な情動」だけが表出する、本物の自己開示。あの場面が本当に大好きで、リバイバル上映の際には、彼女の横顔を観たいがために、7回も観に行ってしまいました（笑）。

あるいはジェームズ・キャメロンの『タイタニック』。

年老いたローズがベッドに横たわり息を引き取る直前、枕元に並べられた複数の写真立てが映し出されますが、毎回あそこでぼくの涙のダムは決壊します。

乗馬をしているローズ、飛行機に乗っているローズ……等々。満面の笑みを見せる「タイタニック事件後の彼女」を目にすると、一見、自らを救うために命を落としたジャックのことなど忘れてしまい、呑気に人生を謳歌しているようにも感じられます。

ですが、彼女の心理はむしろ逆のはずです。「生きていなければ経験できないこと」や「生きていなければ感じられない想い」を噛みしめながら年を重ねることこそが、生き残った者の責任として、命を託された者の宿命として「すべきこと」だと認識している。

だからこそ、生きることを精一杯全力で謳歌してきた。ジャックやタイタニックに乗船していたほかの死者のことを忘れたどころか、むしろ片時も忘れることができなかったからこその「生き生きとした笑顔」であることを考えると、たまらず号泣してしまうのです。

また、『エイリアン2』では、パワーローダーが登場するシーンよりも、リプリーが

「57年間冷凍冬眠をしていた間に、娘が自分よりも歳を取ってすでにこの世を去っていたと報される場面」の方が好きですし、『パシフィック・リム』では、イェーガーと怪獣が闘うくだりよりも、菊地凛子さんが初出撃した後に、師匠からの労いの言葉を受けて思わず涙を浮かべるも懸命にこらえる場面の方がずっと好きなのです。

おそらくぼくは、俳優が見たくて映画を観ているのだと思います。

もっと言うと、俳優が演じている登場人物の内面の想いを感じとりたくて映画を観ているのかもしれません。

そんなに俳優が好きなら演劇を観ていればいいじゃないか、と言われそうですが、それはまた話が違うんですよね。

映画という表現で描かれる「ひとの想い」にたまらなく魅力を感じてしまうのです。皆さんはどのように映画をご覧になっていらっしゃいますか？

さてさて、いよいよお別れですね。

どうぞ、これからも素敵な映画との素敵な出会いがありますように。ごきげんよう。

二〇一七年二月

三宅隆太

台詞を引用した映画

『ザ・サンド』（ソフト版）　翻訳：メディアゲート　制作：彩プロ
『アメリカン・レポーター』（ソフト版）　翻訳：子安則子　制作：ＮＢＣユニバーサル・エンターテイメント
『大人の女子会・ナイトアウト』（ソフト版）　翻訳：古賀香菜子　制作：ソニー・ピクチャーズ エンタテインメント
『人生はローリングストーン』（ソフト版）　翻訳：渡辺ひとみ　制作：ソニー・ピクチャーズ エンタテインメント

※本書は、ＷＥＢマガジン「よみもの.com」にて連載した原稿に加筆修正を加えたものです。

■著者略歴
三宅隆太（みやけ・りゅうた）

脚本家・映画監督・スクリプトドクター・心理カウンセラー。

1972年東京生まれ。大学在学中に若松プロダクションの助監督になり、その後フリーの撮影・照明助手として映画、TVドラマ等に多数参加。ミュージックビデオのディレクターを経由して脚本家・監督に。

日本では数少ないスクリプトドクターとして国内外の映画企画に多数参加する傍ら、東京藝術大学大学院をはじめ各種大学やシナリオ学校等で教鞭も執っている。TBSラジオ『ライムスター宇多丸のウィークエンド・シャッフル』での映画談義も好評で、リスナーから厚い支持を集めている。

主な作品に、映画『ホワイトリリー』『劇場霊』『クロユリ団地』『七つまでは神のうち』『呪怨 白い老女』など。ＴＶドラマ『劇場霊からの招待状』『クロユリ団地～序章』『世にも奇妙な物語』『女子大生会計士の事件簿』『古代少女ドグちゃん』『恋する日曜日』『時々迷々』ほか多数。

著書に『スクリプトドクターの脚本教室・初級篇』『スクリプトドクターの脚本教室・中級篇』（ともに新書館）などがある。

■スタッフ
装丁・デザイン　鷹觜麻衣子／日本デザイン 株式会社
校正　有限会社 あかえんぴつ

スクリプトドクターが教《おし》える未公開映画《みこうかいえいが》の愉《たの》しみ方《かた》
これ、なんで劇場公開《げきじょうこうかい》しなかったんですか?　NDC798
2017年3月20日　発　行

著　者　三宅隆太《みやけりゅうた》
発行者　小川雄一
発行所　株式会社 誠文堂新光社
〒113-0033　東京都文京区本郷3-3-11
（編集）電話03-5805-7285
（販売）電話03-5800-5780
http://www.seibundo-shinkosha.net/
印刷所　星野精版印刷 株式会社
製本所　和光堂 株式会社

ISBN978-4-416-51722-2